终南

寻访中国传统文化

张剑峰 主编

四川人民出版社

图书在版编目（CIP）数据

终南 / 张剑峰主编 . – 成都：四川人民出版社，2015.5
（寻访中国传统文化）
ISBN 978-7-220-09190-2

Ⅰ . ①终… Ⅱ . ①张… Ⅲ . ①散文集 – 中国 – 当代

Ⅳ . ① I267

中国版本图书馆 CIP 数据核字 (2014) 第 091782 号

ZHONG NAN
终南

张剑峰　主编

特约编辑	张　芹
责任编辑	徐　英
封面设计	古涧文化
责任校对	蓝　海
版式设计	朱　红
责任印制	聂　敏

出版发行	四川人民出版社　（成都槐树街 2 号）
网　　址	http://www.scpph.com
E-mail	sichuanrmcbs@sina.com
新浪微博	@ 四川人民出版社官博
发行部业务电话	（028）86259457　86259453
防盗版举报电话	（028）86259457
照　　排	北京乐阅文化有限责任公司
印　　刷	三河市中晟雅豪印务有限公司
成品尺寸	150mm×230mm
印　　张	14.5
字　　数	160 千字
版　　次	2015 年 5 月第 1 版
印　　次	2015 年 5 月第 1 次印刷
书　　号	ISBN 978-7-220-09190-2
定　　价	29.80 元

■版权所有·侵权必究

本书若出现印装质量问题，请与我社发行部联系调换
电话：（028）86259357

出　　　品	北京读书人文化艺术有限公司
顾　　　问	任法融　高经纬　楼宇烈　郭建新　沈岳武　唐明邦
	张高澄　王成亚　费秉勋　杨世华　本　如　宽　昌
	刘宏毅　冯　哲　刘绥滨　张伟杰　游玄德
学 术 顾 问	樊光春　吴言生　朱　鸿　韩　星　李利安
编 委 会 主 任	刘世天
名 誉 主 编	苏华仁
副　 主　 编	胡莎丽
	刘　丹

执 行 编 辑	吕浩清琼
特 邀 编 辑	杨丹
读 者 服 务	冯钰
养生产业化顾问	邹昌武
法 律 顾 问	路宾
编 辑 部 电 话	029-85350752
投 稿 邮 箱	Wendao_cn@163.com

问 道 博 客	http://blog.sina.com.cn/wendaomagazine
问 道 网 站	http://www.wendaozazhi.com.cn
终 南 草 堂	http://www.wendaozazhi.com.cn/html/cottage.html

目录

辋川寻梦——王维故居辋川地理寻访　001

幽幽南山——终南民间采风　026

白云出岫——岩穴之士与终南岩穴地理　042

山居煮茶——南山亭茶谭　083

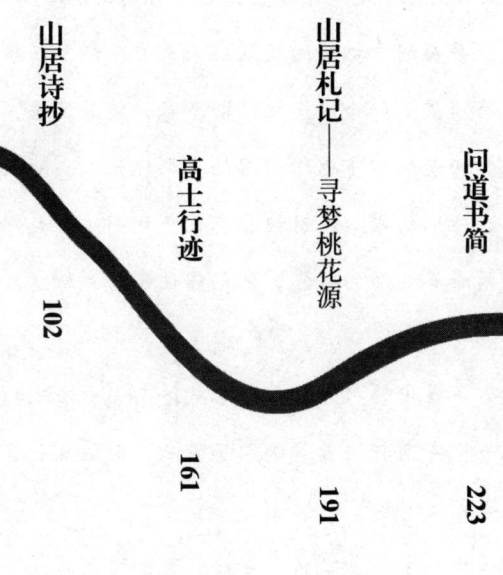

山居诗抄　102

高士行迹　161

山居札记——寻梦桃花源　191

问道书简　223

悠然见南山

在中国，山是远离尘埃离天最近之所在。在中国古代，文人们不管得意或是失意都会走向田园，幽栖林下。那些洞悉天地奥妙、道德高尚的人喜欢住在山上。

每天，我们穿行在都市中，来不及看一看月亮和渺远的星空。乡村和田垄正在被城市水泥丛林所覆盖，辽阔的田园弥漫在浮尘之中。

在城市之外，山雨洗清田野。山影幽兰，空谷有清音。少年时期读过陶渊明的诗，归隐田园似乎是一个梦，但是幸好南山依旧。

终南山的山谷中，茅屋洞穴之间的炊烟从来未曾断绝，而耕读与山居的生活方式也没有消失。如今，那些读着黄卷，嚼着菜根，住在茅屋的人不是古代人，而是从都市返回田园的一群现代人。他们的生存没有完全依赖人群，他们的内心没有被信息化干扰……在大部分人向着越来越拥挤的物质世界涌动的时候，他们守住了一片诗意盎然的山野……

那些住在岩穴或者茅屋中的人，他们穿着从终南山中采集的龙须草编织的蓑衣（自从五千年前轩辕黄帝编织了蓑衣，他们就一直披着那样的绿蓑衣），穿着草鞋行走在天地之间……

在终南广袤的群山中，生长着松竹，在松竹和岩穴之间住着这些高洁之士，他们栉风沐雨，箪瓢而居；他们出作入息耕读修身……

分享当代山居生活，阅读他们书写在石头或树木上的文字，你会闻到松针的清香或菜根的味道……

——编者

辋川寻梦

——王维故居辋川地理寻访

文/问道编辑部

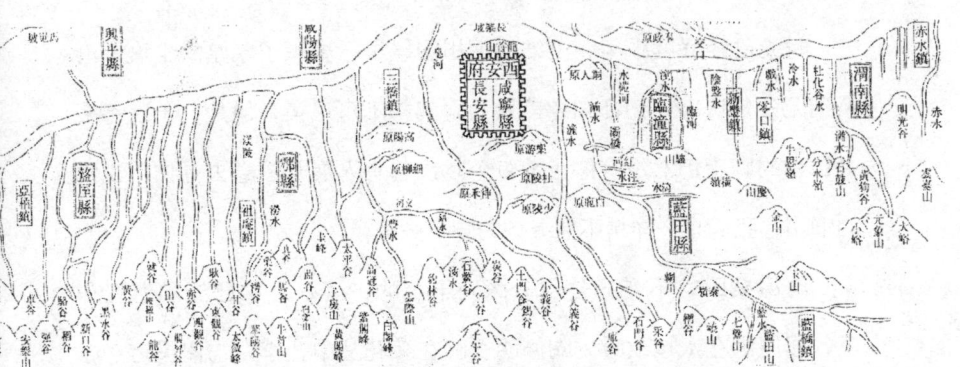

图为（清）《长安府志》中的终南长安地理图局部

自古以来，文人雅士一生之中总要芒鞋竹杖负笈千里，以沧浪之水濯其手足，以海岳清岚涤其心怀，畅游沉醉于烟霞林泉之间。凡有山水必有松柏，凡有松柏必有幽禽，凡有幽禽必有兰竹，兰竹之间必有高士。在广袤的终南群山之中，林泉洞天犹如出岫白云。唐朝的王维曾隐居于终南山蓝田辋川山谷，种植着他的田园诗。他的诗歌与他的隐居生活引来众多清流白衣，采集那些茂盛的诗意。

辋川据崤山之胜，辋谷河发源于商山东南，向北流入灞河。在王维之前，辋川早有飘然的身影活跃在那里。《避暑录话》中记载，宋之问在辋川与卢藏用、司马承祯、释怀一等结为方外十友。

王维卜居的辋川，宅邸宽广，山林辽阔。他素衣清容，食草木而吐兰香，临流抚琴而长啸。为了使后来者感受辋川的清韵，王维将他生活了二十多年的辋川画成山水长卷，名为《辋川图》，并将图卷制成石刻，保留在他后来施为寺院的鹿苑寺内。

这幅图在热爱山林的人群中流传了千年，使很多人掩卷遐思心驰神往。《蓝田县志》中收录了很多阅读珍藏过《辋川图》的人的文章，甚至有文字写到读这幅图可以治病。

时光已经飞度千年，王维的辋川图景早已堆积了厚厚的尘埃，沧桑到无法辨认。人们都知道美景如同朝露不可采集，但是，千百年来寻访者的脚步仍然没有停止，每个时代总有人展开图卷去寻访传说中的辋川，我们也一样禁不住寻访的脚步……

沧海桑田，不变的是生命深处丰茂的诗境，王维已经幽游在那里，屈原则在水边歌吟，陶渊明长醉在菊花丛中，李白与谢灵运一起望月。以文化为根，古人在追寻故乡的方向，我们也正泅渡而去。

辋川风物中，早期为人们所熟知的，大概源于王维的一封书信：

"近腊月下，景气和畅，故山殊可过。足下方温经，猥不敢相烦，辄便往山中，憩感配寺，与山僧饭讫而去。

北涉玄灞，清月映郭。夜登华子冈，辋水沦涟，与月上下。寒山远火，明灭林外。深巷寒犬，吠声如豹。村墟夜舂，复与疏钟相间。此时独坐，僮仆静默，多思曩昔，携手赋诗，步仄径，临清流也。

当待春中，草木蔓发，春山可望，轻鲦出水，白鸥矫翼，露湿青皋，麦陇朝雊，斯之不远，傥能从我游乎？非子天机清妙者，岂能以此不急之务相邀？然是中有深趣矣！无忽。因驮黄檗人往，不一。山中人王维白。"

王维于开元二十年前后开始在辋川隐居，他对田园风光、自然山水怀有特殊的情感，写了许多诗歌赞美那里的生活和景物。在隐居生活中，他与野老共话桑麻，与故友饮酒赋诗，与山僧谈经论道。在这些人中，裴迪是他最好的伙伴。早在移居辋川之前，他们就曾一同隐居在终南山中。写这封信时，裴迪已回家温习经书准备应试了，王维深感寂寞，只得独自去游山赏景。

这封信使王维渐渐为名所累，如果没有这些山水，没有诗名，那么他不会被安禄山点名召见并授以伪职，后来也不会被大唐皇帝削职，甚至差点丢失性命。

"新家孟城口，古木馀衰柳。来者复为谁，空悲昔人有。"

孟城坳本为初唐诗人宋之问的别墅。宋之问曾以文采出众和媚附权贵而显赫一时，后两度贬谪，客死异乡。王维来到辋川时，宋之问

辋川山谷

的别墅已经荒芜。来辋川之前，李林甫擅权，张九龄罢相，王维是怀着深深的忧虑退隐而来的。

站在孟城坳，王维感受的正是生命的枯荣，宋之问住在那里的时候山水青绿，他走后满目萧索。王维来了，这山水会再度青绿吗？而他之后的后来者，若再度看到物是人非，心情一定与他此刻一样……

与辋川有关的名人多不胜数：

王缙，字夏卿，历官御史、兵部员外郎，安禄山时为太原少尹，后为太子宾客。

裴迪，关中人，早期与王维、崔兴宗隐居于终南辋川，曾经为蜀州刺史。

崔兴宗，号东山，其姑母即王维的母亲。

吕大忠，蓝田人，登第后为华阴县尉，留有《辋川集》五卷。

石君倚，隐居不仕，别墅在南辋川谷中。

李谊因乱隐居辋川。

白居易，字乐天，与王维一起浮舟往来，弹琴赋诗。与王维唱和者还有杜子美、元稹等人。

《辋川图》说明：

《辋川图》共有三种版本，其中王维刻绘的《辋川图》刻本，四通石碑图片共有八幅。

现存的王维《辋川图》来源于《蓝田县志》。

宋代郭忠恕临摹王维的《辋川图》，重新绘刻。

明代万历癸卯年蓝田县令王邦才，为官五年两次游览辋川，刻

《辋川图》总图石刻，并著有《辋川赋》，命匠人总汇一图，作赋立碑于玉山书院。四图合为一幅总图，地名标注与王维刻本有出入。

明代万历丙辰年，在王邦才重新刻绘《辋川图》十四年后，山西人沈国华主管蓝田县，聘请郭溯六重摹郭忠恕所临摹《辋川图》并存放在玉山书院。

清朝道光戊戌年间，蓝田县令胡晓碧拿出自己的俸禄重新修葺废弃的鹿苑寺，并请工匠重新临摹王维辋川图刻，立碑于鹿苑寺。

清代陕西提学道敖英拜谒王右丞祠堂，寻访辋川四景图与古䥱，府邑李御史李东勒石。

明朝人仇英参考王维辋川刻本绘制长卷。

仇英，字实父，一作实甫，号十洲，太仓（今江苏太仓）人，移家吴县（今江苏苏州）。约生于明弘治十一年左右（1498年）（也有人认为是明正德三年即1509年），卒于明世宗嘉靖三十年（1552年）。

仇英所绘长卷中辋川山水依古人书写阅读习惯为从右到左，在实际地理上方向为由南向北展开，图中辋川地理依次是：北垞、南垞、欹湖、临湖亭、柳浪、金屑泉、漆园、椒园、白石滩、竹里馆、鹿柴、宫槐陌、木兰柴、斤竹岭、文杏馆、华子冈、辋二庄、孟城坳。

图见本书长卷拉页

《辋川集》（二十首）并序

王维隐居于辋川别业时，常与裴迪"携手赋诗，步仄径，临清流"（王维《山中与裴秀才迪书》），二人同咏辋川孟城坳等二十景，各成五言诗二十首，由王维辑成《辋川集》，并撰写序言云："余别业在辋川山谷，其游止有孟城坳、华子冈、文杏馆、斤竹岭、鹿柴、木兰柴、茱萸泮、宫槐陌、临湖亭、南垞、欹湖、柳浪、栾家濑、金屑泉、白石滩、北垞、竹里馆、辛夷坞、漆园、椒园等，与裴迪闲暇，各赋绝句云尔。"

辋川寻访札记

阅读明清时期的文人笔记，我了解到，从进入辋川山谷至山谷深处的文杏馆，路程约为二十里，景为十三区，进入山谷之前大约有三里路是栈道，号称七里碥。现有高速路和普通公路可进入山谷，不见古人笔记中的山重水复。

山谷河流开阔处是图卷中的第一区，在河边我遇到两个农民，他们正在挑水浇白皮松，问起辋川地理，老人说正好他当年读过《蓝田县志》。

河边的山民都是合作社分社后从山上搬迁下来的，据韩家堡的老人回忆，其祖上可以追溯到清朝，他们已经在这里繁衍生息了八代。

站在白家坪往西南望去，老乡说那是见底河，水流不大，通往焦岱河、百神洞，往南翻越秦岭约一百多里。从七里碥至文杏馆约十五里，从湖边至文杏馆约十三里。典籍中记载十三区的说法与现代人的说法有出入。

明清时期，出蓝田县城往南约十里就是辋川山谷，谷口号称七里碥，水声潺潺，峡谷幽深。道路为古栈道，栈道是在悬崖峭壁上凿出小孔再以石板搭就，宽约一尺多。明嘉靖三十四年的关中大地震发生前，出入辋川要沿着山谷西边靠近悟真寺下的一条栈道走，过寺院后是辋川湖，湖泊之上有渡船。大约五百多年后，一条高速公路破山而入，贯穿辋川山谷，七里碥便被遗忘了。地理的痕迹已经不见，高大的山体也正在被挖掘机刨平。高速路在文杏馆的旁边横空架桥蜿蜒而去，留给辋川一片混沌的灰尘。

欹湖已经不存在了。老人们说，欹湖在地震时消失了，我怀疑这场地震指的就是明朝嘉靖大地震。《明史》对嘉靖年间的这次大地震记载为："（嘉靖）三十四年十二月壬寅，山西、陕西、河南同时地震，声如雷。渭南、华州、朝邑、三原、蒲州等处尤甚。或地裂泉涌，中有鱼物，或城郭房屋，陷入地中，或平地突成山阜，或一日数震，或累日震不止。河、渭大泛，华岳、终南山鸣，河清数日。官吏、军民压死八十三万有奇。"

杨家碥就是辋川湖，即欹湖。欹湖本来为堰塞湖，望亲坡在谷口西边，沿河边山谷有栈道。王维当年在湖边下马，浮舟逆流而上。斤竹岭在河西，现在还有竹林遗址。

画卷中的地形与现实差别太大，长卷中的很多山无法找到，经过艰难的辨认之后，我才想起来，中国的古人绘画不讲写实只讲意象。如果是为指导地理方位，古人会参照星象天文，或者会精确到用步伐来计算距离。但是我参照的却是心中有丘壑，只为愉悦心灵的读书人准备的国画图卷，并非指导性地形图。

我确实是在用现代西方思维揣摩古人心意，即使这样，寻访总是一件并不乏味的事情。辞别老乡后，我打算从文杏馆附近一路依图寻访。

在距离文杏馆不远的河边上，我找到几位年长的老人，他们正在晒太阳。他们说在1967年以前，人们还看过仇英所绘长卷中文杏馆的遗址，以及鹿苑寺的两棵大柏树（图中是松树，本来是柏树），柏树上还挂着大铁钟，1967年大炼钢铁时鹿苑寺被拆除，大铁钟也不复存在了。

文杏馆为北垞，竹里馆在文杏馆西，就是现在河边的位置，如今是白家坪村。村庄里的居民应该是清朝以后搬来的。清朝时御史李东入山谷游览，慨叹谷中人烟稀少，山民淳朴有太古之风。另一位与李东同时代的文人游览辋川时，还曾与山谷中山民交谈过，他们大多数人一生没有离开过山谷。当我们询问四周地理的时候，村庄的男女老幼几乎都围过来了，争相指点。

文杏馆东边原来是河道，后来为了建兵工厂，人们将河流改道，又在南面的山上重新开了河道。文杏馆的现状有点像王维初到孟城坳的情景。

在文杏馆河流对面的坡地上，一对父子正在劳作。我展开画卷让他们对照，他们熟悉置身其中的山水，却不熟悉画卷中的地理。年轻的儿子听到我询问仙女峰时，眼睛一亮，说仙女峰就在前面不远处，河流的西岸，栗园也在那里，以前他和伙伴们经常在月夜爬到仙女峰上去看山。传说在有月亮的晚上，仙女峰就像一位妙龄女子的体形。说到这里，小伙子的父亲皱着眉头打断他，否定了他的说法。我听他们争论得面红耳赤，差点笑出声来，我很想提醒这位父亲，你应该给儿子找媳妇了吧，免得他去夜观仙女峰。

不约而同地，他们都认为仙女峰就是栗园那座山。

按照这对父子的指点，我找到了附近承建桥梁工程的老板，据说建桥的地方就是仙女峰，也就是漆园和椒园。老板听我说明来意之后，口气冷淡地说你为什么不去找蓝田县文化馆，然后转身而去。我

辋川寻梦

——王维故居辋川地理寻访

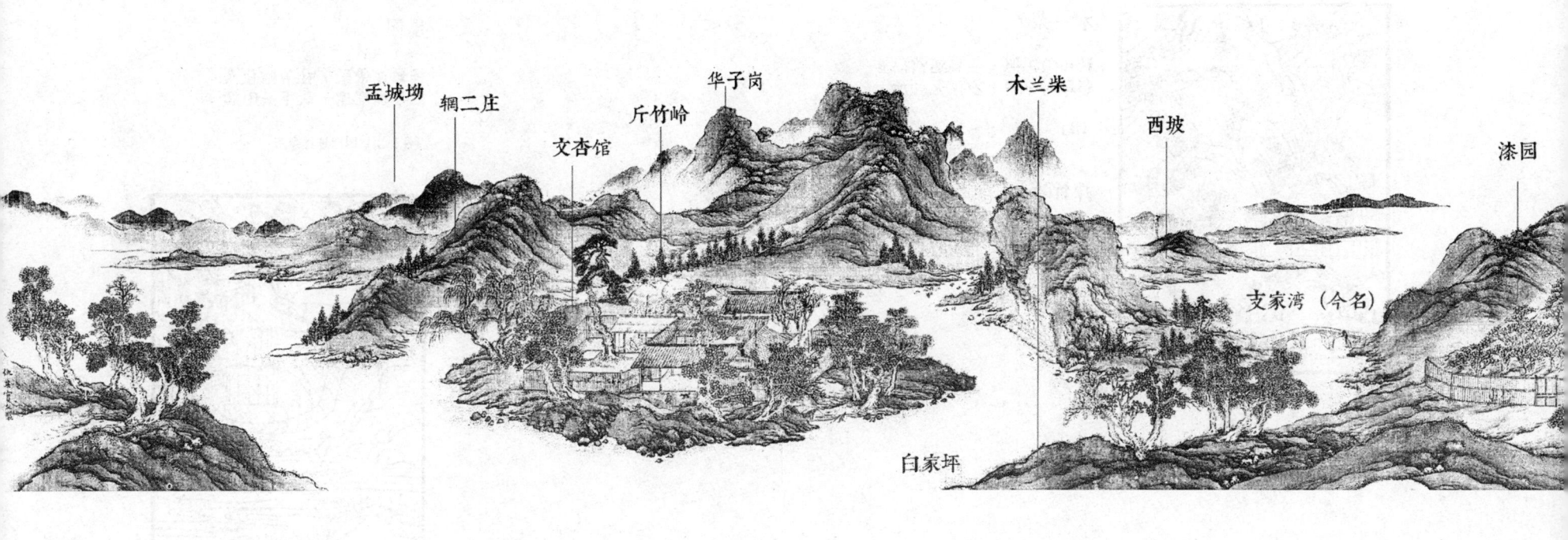

（明）仇英所作《辋川图》
《问道》编辑部考证后作地理标注

漆园

古人非傲吏,自阙经世务。
偶寄一微官,婆娑数株树。

【注】:漆园,今无。

椒园

桂尊迎帝子,杜若赠佳人。
椒浆奠瑶席,欲下云中君。

【注】:椒园遗址在寺东。

木兰柴

秋山敛馀照,飞鸟逐前侣。
彩翠时分明,夕岚无处所。

【注】:今已废弃。

斤竹岭

檀栾映空曲,青翠漾涟漪。
暗入商人路,樵人不可知。

孟城坳

新家孟城口,古木馀衰柳。
来者复为谁?空悲昔人有。

华子冈

飞鸟去不穷,连山复秋色。
上下华子冈,惆怅情何极!

文杏馆

文杏裁为梁,香茅结为宇。
不知栋里云,去作人间雨。

【注】:文杏馆遗址在寺门东,今有银杏一株。

竹里馆

独坐幽篁里,弹琴复长啸。
深林人不知,明月来相照。

【注】：竹里馆,今无。

白石滩

清浅白石滩,绿蒲向堪把。
家住水东西,浣纱明月下。

【注】：今有白石涨在河流之北,疑即白石滩。

茱萸沜

结实红且绿,复如花更开。
山中傥留客,置此芙蓉(一作茱萸)杯。

【注】：今已废弃。

鹿柴

空山不见人,但闻人语响。
返景入深林,复照青苔上。

【注】：今已废弃。

宫槐陌

仄径荫宫槐,幽阴多绿苔。
应门但迎扫,畏有山僧来。

【注】：今已废弃。

临湖亭

轻舸迎上(一作仙)客,悠悠湖上来。
当轩对尊酒,四面芙蓉开。

【注】:临湖亭,今有存石一方,平如案,四角有孔,相去各数尺。

金屑泉

日饮金屑泉,少当千馀岁。
翠凤翊文螭,羽节朝玉帝。

栾家濑

飒飒秋雨中,浅浅石溜泻。
跳波自相溅,白鹭惊复下。

柳浪

分行接绮树,倒影入清漪。
不学御沟上,春风伤别离。

【注】:今已废弃。

南垞

轻舟南垞去,北垞淼难即。
隔浦望人家,遥遥不相识。

欹湖

吹箫凌极浦,日暮送夫君。
湖上一回首,青山卷白云。

辛夷坞

木末芙蓉花,山中发红萼。
涧户寂无人,纷纷开且落。

【注】:辛夷坞,今无。

北垞

北垞湖水北,杂树映朱阑。
逶迤南川水,明灭青林端。

怅然若失。站在桥上，远远地看着河对岸的山，山坡上茂密的树林。现实的地势比长卷上的漆园和椒园地势陡峭些，山势则几乎与长卷中一样，山下正在修建的建筑中，似乎有一座庙宇，要不了多久这里就会很热闹。

我借用东坡居士的诗，略作修改："横看成岭侧成峰，远近高低各不同。不识辋川真面目，只缘身在此山中。"心有执着，总会为其所转，仇英虽然没来过辋川，却凭借梦想，画出了俗眼看不到的辋川山水，使幽人雅士读画即得真味，卧游桃源真境，而我按图索骥却满腔惆怅。

若以眼睛去追寻王维的山水，它已经残破，山水田园只是他的梦。他能尽享其中妙趣，心中自有丘壑。我们不是王维，但若后来者能找到自己的辋川，才不辜负王维山水之真意。王维之后，观画者次第而来，在后人眼中，前人皆入画卷，回头望去，层层烟雨，无尽青峰……

没有找到心目中的辋川，我徘徊在河边，岸边有一只小船，一袭白衣的书生站在岸边，渔夫正要划船。我远远地喊："等一等！"白衣人回过头来……

幽幽南山
——终南民间采风

讲述者／终南山大峪山谷新贯寺村民 张三老人
整理者／《问道》编辑部
图／峨眉电影频道

秩秩斯干,幽幽南山。如竹苞矣,如松茂矣。

那些往来于终南道上的人,仰望终南群峰之间流云宛若惊鸿,薄风里枕草轻眠,听一夜松花雨,昼夜幽禽自在往还,沉醉处莫过于耕作后的夜雨围炉,细嗅满室古润山色。

南山有容有德,不止于此。这里每一处道场、每一脉流泉,都默诵着南山自古以来博纳包容的心地,在它的心肺和背脊上,随处能寻到中华传统文化的记载和传承脉络。

五千年的农耕文化已经被城市森林覆盖,在山林中,终南山最后一批农耕文化的见证者和终南守望者逐渐凋零。

终南的山河气象、地脉流转、历史传说,以及风雨晦明都在那些生于斯长于斯的老人记忆中,在茅屋上升起的那一卷炊烟里幻化成永恒的黄卷。

终南夜话里多的是没有结尾的山中传奇,推开那一扇柴门于灯尽月影中,看一山风烟俱净,无尘亦无染。

——编者

南山地理篇

老山民眼里的终南地理、风水图谱

我们这一带对地理地貌和风水都是很讲究的,我家的房子正对着后面那座山,后面那道梁。我们家盖房时有风水先生过来看了几天,刚好看出房头对着龙口,正是上山龙的龙口。

在终南山，一般的龙口都是暗龙口。在附近的峪子河、十里庙等地，也都分别有龙口。嘉午台那边有两条龙，雪瓦山是一条龙，嘉午台也是一条龙，这两条龙朝南，都是上山龙。当初阴阳先生说把庙建在公龙背上，就是雪瓦山上，在他们准备建的时候，雪瓦山的公龙还呼啸了三天，那是因为公龙的长度短，庙就建在龙脖子上，公龙承受不了。因为那条母龙有几十里长，两条龙中间还有个龙珠，所以那儿风水好。后来当地人就在那边的十里八村盖庙。最早的庙是在唐朝以前盖的，嘉午台就是在唐朝兴起的。兴庆寺的地基也是在唐朝建起的，是华严宗五祖所建，据说也盖在龙背上。

我这间房子靠北首的这一条梁直到住的那一边，都是很讲究风水的。那儿有一处水泉，龙吃水嘛。从马头沟上来，是一条上山龙，有两眼水泉。再往上去，到莲花洞只是小风水，大风水就在老龙洞那里，那条龙直接下去，就到了西安市，龙头在西安北郊的龙首原，长安县就在那条龙身上。莲花山、太兴山这一带的地理地貌、风水走向就是这样的。而人头山这边的龙脉是从跄水崖到瑶山，那一条龙也是上山龙，人头山坐在龙背上，龙口在瑶山，龙尾巴下来是西安，所以西安市坐的就是这条龙的龙脉。天气晴朗时，在西安的高楼上都能看得见人头山。

从咱们这条岭上去有个大平台，那个平台朝着东面，约八亩地大，也有点气势。从这条路边过去，顺着沟往上走，能看见有个水洞，有个崖。因为有一股水，那地方就叫水洞子。从水洞子上去就叫五道槽老塄，为啥把那儿叫做老塄？在解放前，那个老塄是道梁，它那个刀背梁高，两边的梁低，人坐到那上面，把北面的山、南面的山都能看见，所以叫老塄。再从老塄过去，就到了桦木湾，也能看见一

终南隐修者旧照,张剑峰翻拍于栖云山

股水,这股水是从梁上下来的,那就是二十世纪六七十年代用来造步枪托子的地方。

从大峪河走到栗口,过了长桥,慢慢就往西安那儿走了。这个大峪河分东西两边,我刚才说的这一路,到大岭为西河,东河朱家沟到孟家沟到黑沟,再到石碴沟,经过谷归关,到马里观沟,从马里观沟过来,就到了人头山的石门涧,从石门涧过去到小南槽、大南槽,从大南槽过去就到了甘沟,过了甘沟是六道槽,到了六道槽的夹磲子,就到太兴山了。

马里观那片地方,当年住过土匪,但是也住过修行人。上面地势还比较平,有个大沙坪,有三亩多地。那片地方地势硬,没法住人。

从跄水崖往南走,就到了佛爷掌,那儿地方大,前两年在那儿修行的人很多,太兴山的住持过去还主持盖了房。附近几个寺院里住过山的老修行人很少,我们这儿有个佛家的出家人,八十多岁了,身体很好,他到跄水崖亲自烧砖烧瓦盖下了三间瓦房,现在下山回到寺院了。

神团、祖祭与宗祠

跄水崖有个姚娃山,过去当地出土匪。土匪从太兴山下来经过姚娃山。那里有三个峪:小峪、大峪、库峪,三个峪由一个乡镇管辖。民国年间有个神团,专门对付土匪。神团的规矩多,作战前要先敬神,所以叫神团。神团有两面旗帜,一面青布旗,一面蓝布旗,旗要插在装粮食的斗上,敬神、烧香、磕头、喝符,四十个人,四十道符,出发前把符一烧,过三个钟头,就出大事。神团跟土匪交战多次。头一回把土匪打败了,土匪死了一部分人,还有少数人依旧在太兴山那里驻扎。第二回在跄水崖打了一仗,后来可能是有人给土匪当了探子，神团被伤了一些人。到第三回，神团就把太兴山的土匪彻底消灭完了，土匪总数有七八十人。

我们都知道神团是敬神的，至于敬的是哪路神仙就不清楚了。神团的人还要会些拳脚功夫和法术，他们盛一碗水，把那道符字火化、吹三口气以后，喝一口，喷在伤口上，伤口就不流血了。那些都是道家的功法，我姑父也会一些，是我亲眼所见的。我问我姑父，用凉水一喷，怎么就能把血止住呢？他说那种本事就是在神团里学会的。过去没有医院，除了这种方法还能怎么办呢？直到现在，还有些人会这种法术。

咱这儿还有个地方叫鳖窝，就位于现在的大路下面，有几间房的面积。鳖窝那儿那些大石头的形状都像是鳖，有时还能找到鳖蛋呢。在鳖窝靠西首那儿的崖上，有一个大墩子石头，当地人把它叫鳖娃，过去谁家重视孩子就起这个名字。鳖窝所在的那条沟很美，是个好地方，人也兴旺，就是地形有点低，周围的山太高。

在路西的那条沟那儿有个大石头，石头边上还长了两棵松树，从大石头那儿上去，沟里还有一股溪水。那条沟的沟口有一个大石桩，是一个拴马桩，据说当年唐太宗来过，在那儿拴过马。在咱们这个莲花洞的东沟，有一个中央堂。中央堂的北首叫北堂，靠路沿儿这边叫南堂，中间供的是米面菩萨，到崖跟前是三间大殿。这一片都叫作中央堂，旁边的长桥也是中央堂的，那可是当年皇上封的地。

鳖窝在擂鼓石的上面，擂鼓石当中有一个大墩子石头，那地方原先有一个石鼓，所以叫擂鼓石。那儿还有一个寺院，靠崖边盖了三间大殿，其中有上殿和下殿，殿里的神像我都见过。咱们大峪河这边基本上都是道家。从大峪口到北头有个北神堂，南头有个老母殿，在东沟口有个铁板桥，桥两头分别有两块大石，上面盖着铁板。从铁板桥到大峪口的北神堂、外九堂，上面有座庙，水从崖上流下来，确实是好地方，但是在1958年把那里的房子扒掉了。现在盖学校的地方过去也是一座庙，庙的占地面积很大。外九堂再上去就到五里庙了，五里庙的场地很大。再往上有一处山崖被开发了一部分，原先那里有一个洞，洞里面还有一股水流，我小时候在那儿住过。洞外面盖的是三间偏殿，另外在南边是一个大厢房，中间是小厢房。小时候听大人说南首那儿有黄龙，西头有一个很大的水潭，水潭常年不干。从五间房到上殿、下殿，这里就是七间了，过了水庙就是八间，到穆弓，上去就是铁板桥，所以这一片叫作外九堂。

过去临潼和渭南是一家，中央堂就是临渭家的，这两家人一直管理着这些寺庙。到现在基本上没有什么庙了，但他们的人有时还会来。中央堂还属于灞桥，临渭家还来中央堂祭神。一千多年了，他们的子孙后代还来祭他们的神，他们的菩萨也还在祭拜着，他们对这儿的神也很恭敬，这也是民间所谓的"倒庙不倒神"的传统习俗。

咱们终南山的这种传统文化习俗比较多，像西安那些大家族，一方供一个庙，很多年一直都是这样的。莲花洞、安龙宫、瓦古洞、塔坡、岱顶上的五大菩萨殿，是西魏村的；下面到红石崖这一带的寺庙，都属于大兆村；其他除了蒋老汉盖的南堂以外，余下都是灞桥的。

蒋老汉活了九十多岁，去世前啥都知道，走之前跟他儿女孙子们交代：赶紧给我烧纸钱，我要走了。他的儿女子孙们都很孝顺，就赶紧按他说的办，正烧着纸钱人就走了。这是四年前的事情了。老汉修行好，他在南堂住了十四年，一直看着庙。

莲花洞

　　我是十二岁那年来到这儿的,当时这里有七十多口人。为什么咱们这地方叫周家坪?因为当年这里是周家买了的。周家坪过去的庙没有现在这么大,但都是古建筑。人们从土里挖出过陶瓷像、清油灯、烟袋子,根据这些东西推论,那庙可能是唐朝时修的,叫翠华宫,叫"宫"的一般都是道观。俗话说"火烧翠华宫,闪出莲花洞",当年李世民的一个公主来这里降香,在莲花洞坐化了,李世民就把翠华宫给烧了。那具肉身在莲花洞的莲花里,莲花很大,把人体给包住了。用针扎那肉身,还流血呢。后来,人们都在这里摸风脉,把自家人的骨灰埋到土地庙的梁上,埋到莲花根上,就把莲花气炸了。再后来,把那些骨灰给扒了,莲花才慢慢重新长大,没有了炸的痕迹。从我记事时起,莲花炸的口子还能搁下一个指头,就是这二三十年长得快,那道裂口又缝合了。

那些修行者

　　过去有个修行人,叫广海师父,就在咱们的莲花洞居住。他在石头上整夜打坐,天亮了回去。一天只吃一顿饭,一顿饭就吃一把面。他白天在安龙宫,在老洞岱顶上抄经文。1958年广海师父要被人赶下山,他宁死不下,被逼得紧迫,一气之下就跳了河。大队的先进青年和干部赶快去捞人,捞上来后,见广海师父的法衣有十几丈长,广海师父跳河前一直穿着那件大法衣。他哗啦一解,两下一叠,往身上一披行走如风。后来佛教兴盛了,又把出家人请了回去。还有个永安师父,那年永安师父也被逼下山来,给大队放羊放牛。永安师父后来也在东沟修行,修到

终南山大峪（大义谷）风光

七十四岁，掌管好多寺庙。这个东沟就是这两个和尚的道场。这两个人前面还有个老秦，是道家的修行人。老秦叫付子，修行了几十年。这就是在莲花洞附近，我见过的三个非常好的修行人。

在咱们翠华，过去有一个和尚，人们叫他宝光师父，五十几岁的年纪，到山上去的人每次都在他那儿吃饭。1958年，咱这山中有七个修行人，其中六个是陕西人。还有一个喇嘛，穿红袍、草鞋，自己独自种地、生活，生产队没有干涉，他的修行也很好。这些修行人中，只有宝光师父年纪大，别的都是青年人，二十几、三十几岁的年龄。

天宝山，也叫七宝山，住了一个麻角和尚，叫光善，在天宝山住了半辈子，快九十岁时回到兴教寺。老师父会针灸，会看病。忆思洞住了一个觉成师父，在十几年前圆寂了，那个师父的修行也很好，当年他还当过木匠，作过法会，在莲花洞给永安师父做门、做案板、做桌子，手艺非常好。咱们村上的梵怀殿里有个老和尚，叫郭师父，九十多岁在梵怀殿里圆寂的，他的修行也好。太兴山那里有个华清云道长，在太兴山那儿住了七十年，九十六岁羽化的。太兴山那儿有个千佛洞，孟师父在那里住的时间长，之后又在岱顶住了不到十年，他后来在昆玉的佛爷掌还盖了一座院子，自己烧窑、搬运木头，现在还在世。

新中国成立以前，这里的土房子里住过一个宗先生，也是道家的。西翠华这地方百分之七十是信道教的。咱们河道里那座新庙，就是宗先生盖的。宗先生除了会看风水外，还懂中医，他的修行好，人也好，与群众的关系处理得非常好。关于他，至今还流传着这么一个故事：

过去土匪在太兴山驻扎，听说庙上有钱，就把宗先生拉到太兴山，在岱顶上拷问。土匪在他胸前绑了炸药包，炸药上插了一支香，香烧完就会爆炸。眼看着这支香烧得只剩下一寸，天上忽然起了黑云，响了三个雷，接着下起瓢泼大雨，很快就把香给浇灭了，人也被救活了。土匪说，这个道人不是凡人，转身就撤回了太兴山。宗先生没有说话，但是他在心中许了个愿，说天把我给救了，我要化缘三年。回来后他就叫当地人修建庙场子，盖了五间大殿。后来，又搭建了七尺长的石桥，那座石桥质量非常好，到现在还在使用呢。后来宗先生年龄大了，也可能是劳累过度，羽化了，埋在了马头。宗先生很会看风水，他看的风水能镇邪。后来，西翠华的群众把宗先生的坟墓拆了，看到坟墓里全都是水，谁也下不去。宗先生羽化时，那座庙还没有修好。

南山草药篇

云雾草及其他

终南山人历来都会采药、用草药治病。只可惜现在的年轻人不愿意学了，很多知识都快失传了。

终南山上有一种草叫云雾草，只生长在高山顶上有云雾的地方，遇到下雨天就起雾。那种草不但能消暑、降温，还能驱寒气。

荷叶也是解毒的好药，如果长了内毒和痔疮，采来荷叶经常泡水喝，就能把那个疙瘩驱散了。有一种毒莲，可以起到拔毒的效果。还有白藓皮，如果人身上长了毒颗粒，用它来治疗非常有效，它能祛毒，还能祛腐生肌。铁灯苔也能祛毒，如果嘴里有溃疡，就用蚰蜒，弄点白糖制成汁子，喝下去，可以治疗小儿的口疮，大人的舌头病，晚上服用，非常有效。

五灵脂

在咱们终南山的七十二道峪中生存着一种鼯鼠，学名叫作寒号鸟（《开宝本草》中又叫寒号虫）。它栖息在悬崖上，白天躲匿在窝内睡觉，清晨或夜间出来活动，善攀缘，能滑翔，常年不离开悬崖。寒号鸟全长约五十四厘米，尾长而粗，几与体长相等。吻短，眼圆而大，耳廓发达，无束毛。寒号鸟常年栖息于长有柏树的山地，筑窝于岩石陡壁上的石洞或岩缝中。在寒号鸟的洞穴附近常见到灰黑色的粪便，被称为五灵脂，可用于治疗瘀血内阻、色紫多块，小腹刺痛等病症。既可单味炒研末，温酒送服，又可与其他药物配合使用，是很贵重而稀罕的药材。"灵脂"与"凝脂"二字谐音。李时珍释其名曰："其粪名五灵脂者，谓状如凝脂而受五行之气也。"

过去有不少采药人在采五灵脂或其他药材时，绳索常被鼯鼠咬断而丧命，所以，采药人多把绳索染成红色来迷吓它们。鼯鼠之所以叫作"寒号鸟"，是因为它们在夏日羽毛丰盛，到了冬天就把羽毛拔光，整夜鸣叫。人们说它夏天羽毛绚烂时就得意地唱"凤凰不如我"，到了冬天就叫"得过且过"。五灵脂性味甘温，无毒，入肝经，具有疏通血脉、散瘀止痛的功效。五灵脂也是妇科药，主治血滞、经闭、腹痛。此外，五灵脂还可治胸胁刺痛、跌扑肿痛和蛇虫咬伤等症。据《本草图经》记录，五灵脂始载于《开宝本草》，云："出北地。此是寒号虫粪也。"《嘉祐本草》曰："寒号虫四足，有肉翅不能远飞。"《本草图经》曰："今淮河东州郡有之。云是寒号虫粪，色黑如铁，采无时。"《本草纲目》谓："五台诸山甚多。其状如小鸡，四足有肉翅。夏月毛彩五色，自鸣若曰，凤凰不如我。至

通往终南深处的山路

冬毛落如鸟雏，忍寒而号曰，得过且过。其深恒集一处，气甚臊恶，粒大如豆。采之有如糊者，有粘块如糖者。"

天麻、雪山芪、苦参等

天麻在咱们这里可以吃，在别的地方不能吃，咱们这里的天麻是补品。

根据采药人的经验，采药的时候要掌握药的季节，这很重要。三月初三采艾草，五月端阳那一天不管采什么药都是最好的。五月半到七月采猪苓，冬天采雪山芪。

雪山芪专治糖尿病，能化血糖，活血化瘀，是可以煮水喝的。雪山芪要在海拔两千米以上采摘，它是直接从地面长出来的，很少见。因为只有在三九天开了花才能知道是它，所以叫雪山芪。它一年只开一朵花，有红色、紫色和黑色三种颜色，红色的花无毒，紫色、黑色的花有毒。雪山芪一斤价值几千块钱，很珍贵。

终南山中还有一种苦参，又叫白草，十月间开花。苦参一般生长在海拔八百到四千六百米的山坡上，路旁较干燥处，是一种常见的野生杂草。它晚上开花，白天收回，花是粉红色的。全年均可采收，洗净，鲜用或晒干。

从季节上来说，冬天采的药都很贵重。很多草药除了要分季节采摘，采药的时辰也很有讲究。例如治疗肝炎的药一般要在早上有露水的时候采摘，如白蒿、黄香等。

白云出岫
——岩穴之士与终南岩穴地理

文／张剑峰

图／心一居士

上古的时候，一些人居住在山上的岩洞里，食灵芝松茅，饮山泉煮白石，取云气集为文字，掬醴泉造佳酿，以草为衣，以树皮为纸张，以磐石为床榻，以高岩流泉洗涤心尘。负柴薪于雪后，汲初泉于晨曦，候明月于户上，移松苗于雨后。江湖之远，山水之长，全其性，养其命，使天真不泯于林下岩阿之间，待清风起时幽兰满山月……

天地之始，太素元气而生物质，物质之始有洞天，大地上的群山岩石皆是太古元气所积。洞者通也，洞穴犹如子宫，如回母腹返回先天混沌之境。天地之间，有无相生；无形者无数，有形者有数；洞天虽无数，而洞穴有数。岩洞中有无形之神仙洞府，更有岛外洞天，天外洞天。

道教《天地宫府图》序言："夫道本虚无，因恍惚而有物，气元冲始，乘运化而分形。精象玄著，列宫阙于清景；幽质潜凝，开洞府于名山。元皇先乎象帝，独化卓然，真宰湛尔，冥寂感而通焉，故得琼简紫文，方传代学；琅函丹诀，下济浮生。诚志攸勤，则神仙应而可接；修炼克著，则龙鹤升而有期。至于天洞区畛，高卑乃异；真灵班级，上下不同。又日月星斗，各有诸帝，并悬景位，式辨奔翔，所以披纂经文，据立图象，方知兆朕，庶觇希夷，则临目内思，驰心有诣，端形外谒，望景无差。乃名曰《天地宫府图》。其天元重叠，气象参差，山洞崇幽，风烟迅远，以兹缣素，难具丹青，各书之于文，撰《图经》二卷。真经所载者，此之略备；仙官不言者，盖阙而未详。"

据道教经典《云笈七签》洞天福地章《天地宫府图》中记载，终南山中洞天地理为十大洞天之三：西城山洞，周回三千里，号曰太玄总真之天。未详在所，《登真隐诀》云，疑终南太一山是，属上宰王君治之。三十六小洞天第四西岳华山洞，周回三百里，名曰惣仙洞天，在华州华阴县，真人惠车子主之。第十一太白山洞，周回五百里，名曰玄德洞天，在京兆府长安县，连终南山，仙人张季连治之。七十二福地第五十四高溪蓝水山，在雍州蓝田县，并太上所游处；第五十五蓝水，在西郡蓝田县，属地仙张兆其所治之处；第五十六玉峰，在西郡京兆县，属仙人柏户治之；第五十八商谷山，在商州，是四皓仙人隐处。

依据有形有质的岩洞天然品质以及后天人为因素，岩洞大约可以分为上、中、下三品，上品者是幽秘绝险之地，一般洞口朝东，隐秘于悬崖峭壁之上，普通人无力到达。洞前或有瀑布山泉或有猛兽，洞内没有人为透光通道，但是自生光华，甚至洞内也有日月之象。洞室内自生灵草、醴泉，或有天然石床石凳，冬夏如一，没有寒暑往来。

中品洞室也是天然而成，洞室内或有山泉或无山泉。洞门隐蔽，洞内或通达异域，或洞内有洞。洞外一般有天然平台，供隐居者种药或种菜。洞口附近定然有晏坐磐石，晒经平台，或左右奇石林立，类似护法。

下品山洞冬暖夏凉，能够满足住山隐居者遮风挡雨，不被狂风暴雨、山洪泥流侵害，而能安顿身心。终南山中不少山洞都属于后天山洞，大多是隐居者借助天然巨石开凿而成的。

上品山洞求不可得，中品山洞也很稀有，即使不起眼的下品山洞也需要洞主积功累德，才有造化与福分安住。

其实洞无品质高下，因为人有品位之高下才有洞之相应，第一等的人住下品的山洞，山洞也是上品。

心一居士在一篇关于终南山岩穴之士的文章中这样写道："自古隐居终南修道者，皆以幽栖阴崖隐迹岩洞为砥志用功处。离群索居，把茅盖头，无非保任功夫，待缘熟即随方度化，普利有情。所谓，见可欲而心乱者，宜远离人群寄居林下，长养圣胎。操持既坚，便潜入红尘韬光养晦，随方度化。所以，终南山被修道者称为'养道圣地'，自古以来便茅棚岩洞林立，隐居修道者大有人在。民国期间的虚云老和尚结庐于嘉午台后山狮子岩，煮芋入定十几日，传为佛门佳话；来果老和尚隐居南五台湘子洞，遇巨蟒'起单'而回高旻寺弘法度众；印光法师出家于终南山大峪莲花古洞，后离开终南参方，终成莲宗十三祖；高鹤年游历了大江南北名山大川，歇足终南山南五台，感叹曰，'吾观天下修道，当属终南为冠'。终南山成为名副其实的修道胜地。"

在中国，无论城市多么繁华，总有人离开人群，将目光投向寂静的山林。目光所及之处，鸟儿云集，白衣羽士坐在岩石上读着发黄的经卷，菊花或者兰花的幽香激励着岩穴之间的幽隐之士与最初的圣贤不断地眺望，也许在山的最高处，上古的那些圣人们正坐在岩石上悠然地拈着山花，笑看云卷云舒的茫茫群山以及岩穴之间那些仙鹤一样清瘦的身影呢。

一位中国当代作家在其文章中讲了这样一个故事：

他们一行多人上华山游览，正值夏天，山道旁的一棵古树下，坐着一位白须老人在闭目养神，作家将他的水壶和拐杖送给那位老人，他想这么热的天，老人一定用得着。老人意味深长地笑着问他，你知

鹿池洞

道许由吧？作家脱口而出，当然知道，你说的是三国时的许攸吗？老人说，想见他吗？晚上你来这里就可以见到，记住不许带其他人来，只你一个。下山时他们没再看见那位老人，等回到山下的宾馆，打开房门后，作家愣了，他送给老人的水壶和拐杖都在房间里。他兴奋起来，真是遇见异人了。同行的人都要跟着上山去会会那个神秘人，都想一睹三国时期的许攸的模样，他们只知道许攸，但没有人熟悉那个尧舜时期遁世洗耳的许由。夜色降临，作家经不住众人的纠缠，便带着大家一起上路了，大家又好奇又有些恐惧，作家走在最前面，在接近古树时，作家突然看见一只庞然大物，好像是一只老虎，雪白的眼睛在月光下瞪着他，众人来不及多想，赶紧逃下山去。

上古时期，尧四处寻找可以接替他为天下黎民当家的人，有人推荐了在山林中隐居的许由。

尧帝请许由出山，他转身甩袖而去，跑到一个潭水清澈的地方掬水洗耳朵，要将刚才听到的那些污浊的语言清洗掉。他的朋友巢父正好从树巢上下来，在水边饮牛，看到许由洗耳，询问缘由，许由叹息着将刚才的事情说了一遍，好像受了莫大的耻辱。巢父听完呵斥这位老朋友：啴！你在这儿洗耳朵，弄脏了水，我的牛怎么办？

说完愤然牵牛到上游去饮水了。

以前许由住在岩洞中，睡在松毛铺就的石床上，喝水的瓢就挂在洞口的松树上，山风吹来，瓢随风摇动发出清脆的声音，巢父厌烦这声音吵了他的清梦，提出抗议，许由便将瓢远远地扔掉了，从此以后就改用双手掬水喝。

唐朝才子钱起，曾经写过一首很有些名气的诗歌《谒许由庙》。

其中有这样的句子:"故向箕山访许由,林泉物外自清幽。松上挂瓢枝几变,石间洗耳水空流。绿苔唯见遮三径,青史空传谢九州。"

孔子一生器重的弟子颜渊也继承了许由的风骨,一箪食,一瓢饮,居陋巷,而不改其乐。孔子盛赞他说:"贤哉回也!"后"箪瓢"成为安贫乐道的象征。

终南岩穴洞府最密集的区域在华山一带,华山北斗坪附近分布着大大小小很多洞室。太素山人住在洞中很多年了,他不断地清理着那些洞穴,使其清洁无尘。他的师父走了,留下很多雪白的石头洞,他始终守护着,他想或许总有人会来住在那里,跟他一起在白云之上阅读那些经卷,阅读那些天上的文字,吃简单的食物,像石头一样朴素纯洁。

洞穴的石头纹理优美,像一卷卷经书。有些古老的洞穴门口的石头上总会长着几株很相似的松树,松树是岩之韵石之骨,借五木先生的话说,"云为石衣,石为云根",信然。

如果你仔细欣赏那些美丽的岩石,就会有惊异的发现。深山之中的岩洞大约有几种颜色:石青,三绿,赭石。国画使用的颜料中,绝大部分都是用石质的矿物质制作的。鹿池洞门前的石头像一堆云雾的堆砌,被洞主称为云石。居住在山中的老人说,这些石头在不同的季节会有不同的颜色,冬天石头的表面会发黑,夏天则微红,秋天雪白,春天是青色。山中的石头会变换颜色,山中的泉水也一样,夏秋变绿,冬夏则色泽青黑。

山中夜晚不用电灯,住在岩洞中会习惯黑暗,洞穿黑暗后你就会发现一切都有光芒。住在大地深处,与鸟兽为邻,吃简单的食物,听山中自然的音乐,看心头的清泉潺潺流淌,星光与月光都辉映其中。

大禹洞

　　大禹洞在终南东部山谷，洞主归隐终南有十余年，法号扬青，早年曾经一袭衲衣住遍天下禅堂。洞北依百丈山崖，山崖下有流泉，洞室阔约丈余，洞前搭建茅棚一间，无门无窗。洞室早期是一块天然巨石，被人开凿，洞口朝阳，四周树木葱茏。洞主开地种植番茄、辣椒、土豆等，自给自足。

忆思洞

　　忆思洞在终南山嘉午台分水岭东部山谷之南，大禹洞北面孤峰之上。山洞面对空谷，有小径通往山崖，山洞悬空，洞口水流花开，苔藓深厚，曾有无数行者栖止，但现已多年没听说有人居住了。曾有修炼出神通者居住在山洞中，后来因贪恋山中灵药而使功能丧失。

　　嘉午台老行者大道熟知洞内一切，这位住山数十年的行者是一位终南山的守护者，他遍住众多茅屋岩穴而无一处为家，数十年来时常迁徙移动居处，很多山谷的山洞他都曾经住过。如今他仍然住在通往嘉午台岱顶的路边上，时常为寻找居处的行者引导路径。

大禹洞

五华洞

嘉午台绝顶有"五华洞",相传是嘉午台的开山祖师——五华祖师成道之所,历来都有隐居者栖身此处。五华洞为一天然石洞,洞口仅有十余平方米空间,向前一步便是万丈深渊,可谓绝地,其气象自不能言。我前年探访时,洞主不在,只见洞口用木片书有一联曰:

门外看日出云卷;洞内破生死大关。

一内一外,颇见洞主的情怀与信愿。后来,洞主下山造访,奉茶间,得知其又改书一联曰:

洞里但听风雨声;门外且看云卷舒。

前后两联,也足见其住山之心境也。

今年暮春,因破山寺能忍尼师迁塔之故,我顺道再次造访五华洞。迈过龙脊岭,绕过柴扉,但见远山苍翠,云生足底,旷达高远,气象万千。抬头又见洞口新书一联曰:

门外看日出云卷无有相;洞里听风雨雷鸣不动心。

而且还增加一横批:殊途同归。洞口还置一桌一蒲团,最明显的是加了一道柴扉。

【注】:《五华洞》作者为心一居士

隐居者与他的山洞

喇嘛洞

喇嘛洞在终南山嘉午台通往岱顶的途中，洞在破山寺西面悬崖边。山洞天然，洞内岩缝中有滴水，时断时续。洞口朝西，对面山谷有天然屏风雪瓦山。通往山洞的路现在由石桥连接，石桥曾经是一座小吊桥，隐居者闭关时升起吊桥，可以释然面对纷扰来访者。

洞最初的名字没有人记得，传说因此洞曾经是五世达赖避难的山洞，才有了现在的名字。我数年前第一次访嘉午台，夜里投宿破山寺，寺中唯一的僧人将我的行囊放在了喇嘛洞口的寮房里，我生平第一次独自住在偌大的山房，有些恐惧。记得上山前，大道说他有一次曾经在那里遇到了奇异的事情。于是我对山中的黑夜又有了莫名的兴奋与期待，总希望听闻到一些什么。

当时的洞主振一法师由海上洛迦山来此，第一次在终南山中熬过了寒冬。山顶上因为海拔太高，树木稀少，更没有树木可以当作取暖的柴火。振一法师在星光下对我说：看到这样破落的道场很心酸，民国时高鹤年居士曾在这里打七，当时还有两层小楼，有五十多名羽士住在这里。振一法师说将准备化缘，翻修这里地基快垮塌的唐朝大殿。

我去洞中晏坐片刻，喝着他用干菜熬的小米粥，我没有钱给他，他也没有多余的东西送我。我下山，走之前，看振一法师蹲在自种的菜地里，用一把生锈的剃头刀给自己剃头，白云在他的脚下翻涌。三年之后,听闻他被人掐死,推下了喇嘛洞旁的山崖。当被人发现时,已是一堆白骨。杀他的人是他的徒弟,他为了修建寺院被谋害了。

不久后,破山寺的砖头房被打开,那里曾经有能忍法师的肉身,她在这儿建起了几间房子,使这座曾经废弃的道场不再荒凉。她是从喇嘛洞旁的山崖上摔下去的。如今,已过去了十多年,但她的肉身异常完好,于是人们给她的身体贴了金,便于一些从远处来的人朝拜这位肉身菩萨。在肉身被发现之前,有人曾说站在山下对面的寺院里,有时会看到嘉午台山顶上光华透天,光芒中有幢幡宝盖。

喇嘛洞不能没有洞主,寺院不能没有人照看,振一法师被害之后,住在终南山另一个山谷茅屋的悟明,上山来给喇嘛洞重新砌了门墙,完成了振一法师没有做完的事情。当初振一法师从洛迦山来,也该是乘着清风归去。终南山风多,山势高,想必借风飞行,他可以一路飞过千山万水,在海上碧落间栖足。

喇嘛洞现任洞主悟明,号燃面和尚,他精通草药医理,喜欢打抱不平,喜欢与人豪气干云地海聊。他是长安当地人,传说他煮得一碗好面。吃饭不能没有燃面,他做燃面,随手抓一把柴草丢入锅中,据说等面条煮熟之后,即使吃他抓的柴草也觉得美味可口。我没有吃过他煮的燃面,心怀疑惑,但也生起不少期待。

山顶没有泉水,很早以前有人在山顶开凿了石头窖,在冬天取雪水融化。融化之后的水很浑浊,到夏天时会生虫子,喝水要过滤,但从中也可以欣赏到种类繁多的水族。有游客在破山寺的房后小便,他们不知道地面上的水都被汇聚到水窖里饮用。燃面和尚有口头禅说:开开心心造业,欢欢喜喜受报。很多次我在山道上遇见他,他都背着

山中清景

一只硕大的口袋,衣服常年不洗,油光耀眼。他见了人爱大声嚷嚷,孩子似的性格,人多时出口成章,人少时则坐在一旁淡雅如兰。

有一次,山中有个苦行僧修建茅棚,却被人收取莫名费用,刚好燃面和尚在一旁,于是上前理论,不得和解,出于愤怒竟出手伤人,后被当地公安请进看守所多日。回山之后,他与人分享在闭关房中的收获,他说,每天有人送饭,有人站岗,有人叫醒做早操,对此他安之若素,自在逍遥,使得看守所内一位犯人中的"老大"被感佩而皈依为弟子。

比较早些时候住在喇嘛洞的是冶开法师,俗姓许,出家后法名清镕,字冶开。他是江苏扬州人,生于清文宗咸丰二年(1852年)。父亲名长华,母亲徐氏,都是虔诚的佛门信徒。他自幼体弱多病,十二岁的时候,奉亲命出家,依镇江九华山明真和尚剃度。十七岁的时候,到江苏泰县只树寺,依隐开老和尚受具足戒。此后他行脚参访,历经杭州、普陀、天台等处的名刹,向大德长老请教。

同治十年(1871年),他到常州天宁寺,参谒方丈定念和尚。定念门风峻肃,法席巍然,参叩的人虽多,却独对冶开另眼看待。冶开随侍和尚左右,读经参禅。由于他天资颖悟,修习认真,在定念和尚座下一年多,于一次结七念佛中,有所开悟,定念和尚为他授别记,预言他将来必获得大成就。他继承了定念的法嗣。

再过一年,定念圆寂。冶开离开天宁寺,到镇江金山寺,潜修多年,功力更进,融通无碍。大约在光绪十年(1884年)前后,他行脚到终南山,结茅潜修。光绪年间,在终南山结茅潜修的出家人很多,如虚云老和尚、赤山老人法忍、月霞法师等,但时间上都较冶开晚。

冶开初到终南山时,他的茅棚正当山隘。一日晚间,一头老虎逡巡于茅棚之外,他结跏趺坐,一念不起,良久之后,老虎屏息贴耳而去。以后老虎常由茅棚前经过,来去均轻啸三声,好像和冶开打招呼似的。

后来冶开迁到喇嘛洞中居住。洞中以往常生怪异,居者每为所祟,虽持咒禁制亦无效。山中道侣劝阻他,他说:"以前人住在洞中被祟的,正是因为他持咒作法与之为敌。我心如太虚,无迎无拒,彼纵拒我,我不拒彼,作祟与否,听其自然。"他一住三年,了无怪异。在他决定离开终南山之前的最后一个夜间,后洞中砰然如千钧重物坠地,他持菜油灯往洞深处察看,只见一只黑狐,毛色光可鉴物,一闪而逝。冶开已心如虚空,久离恐怖。他不以异类视黑狐,故在他离开之前,黑狐现形为他送行。

观音洞

观音洞在终南山嘉午台龙口对面,过龙口茅棚是嘉午台后山,观音洞就在山中悬崖绝壁之上,上有青天,下有飞鸟,绝壁上藤萝缱绻,崖下有深谷,山泉奔流。观音洞山门狭窄,只容一人通过,山门天然裂开,石洞自然天成,洞内有天窗,墙壁之上有窗户可以与过往飞鸟对话。洞室内分三重,有石阶相连,隐者可深居其中闭户不出,为难得的幽隐之处。洞主常在洞内不入集市。

观音洞山门

观音洞

天然尊者洞

天然尊者洞在嘉午台雪瓦山上，孤峰独立八面临风。山洞为天然洞窟，洞口敞开，面朝东方，洞深约两丈，洞内供天然尊者肉身，外敷泥塑。尊者生于民国，圆寂于解放前，圆寂之后端坐不倒，肉身不坏。洞内有烟火痕迹，想必曾有好道者隐居其间。此洞现无洞主，有志者可以去安顿身心。

鹿池洞

鹿池洞在终南山月亮谷，谷中北峰之上有鸟道，松林之间豁然开朗，环形山谷中一块天然巨石之下便是鹿池洞。洞室面朝东南，有泉水从洞前自西向东流淌，山谷已近山巅，遥望四周群峰罗列，远山淡蓝，洞南有紫气升腾。自古以来这里都少不了隐修者。

鹿池洞分前洞、后洞，前洞昏暗，有床有书籍，有一小门通后洞。后洞背依巨石，洞顶可以看见天空，四周草木扶疏。晴天时，影子在岩洞上画下斑斓图画，石壁上又有反光，可将洞内照亮。后洞与前洞相比更敞亮明媚，地势平整，可以容纳一场十人的雅集。山洞前的石头翻滚如云，一直延伸到山泉中，洞主称这些石头为云石，云石

西岳华山

的缝隙中生出柔软的绿草，叶如兰，开紫色小花。

之前有一位长发长须的行者住在山洞里，经常在附近的山石上刻字，没有人认得他雕刻些什么，后来他背负书籍入终南群山深处。现任洞主姓谢，生于漠北昆仑，自崂山出家跋涉而来住山，喜欢高卧岩石之上。他在这里还有一位邻居，每天清晨，当他开始诵经的时候，洞口上石头缝中就有飞蛇飞到对面的石头上静静聆听。清晨时往东方看，远远能看到洞前升腾起一股紫气，这股气袅袅而上，走近了却一无所有。洞主很少下山背粮，也很少吃菜，经常七日一食，平时多睡眠，一睡就是七天。

纯阳洞

纯阳洞在终南山大峪山谷内。入大峪山谷约十六里有东翠华、西翠华山谷，西翠华山谷发源出两条山泉，出山谷约三里地，汇入大峪河，大峪河出山谷称滴河。西翠华山谷山势环抱，山谷南北山顶各有一山洞，南面山洞为纯阳洞，北面为鹿洞。从西翠华山谷溯流而上，沿路经过终南草堂，过独木小桥，继续沿山谷南行，就可到纯阳洞。纯阳洞海拔约两千米，洞口朝东，洞下不远处有山泉，洞穴为半山洞，由一半山崖和一半茅棚组成，茅棚几乎是镶嵌在山崖下的。民国时曾有宗先生隐居，传闻吕洞宾祖师也曾经在这里修炼成道，道成后山洞崩裂。山洞正对着太兴山，群峰在洞前罗列，山脉在东南方犹如斧劈，断崖林立，站在洞口眺望群山，北面不远处的人头峰、山谷深处的天池,以及莲花洞所在的山峰一目了然。

纯阳洞周围长满松树,住在这里自然有取之不尽的松子,由于松林密布,即使在白天也少有人进入,有很多人曾经在此迷路,人们称松林为迷魂阵。山洞旁边长有李子树,没有粮食时,李子也可以充饥。多年前衡山谭道长做了一个梦,他梦见自己飞上九天之上的一个仙洞,后来他找到这个在梦中到过的山洞,就是纯阳洞,他用了九年的时间在山洞附近的平地上建造了六间可以供很多人一起隐修的闭关房,闭关房造好之后他被迫离开了终南山。

纯阳洞先后短暂居住过很多行脚云游的修行者,若水是居住时间较长的一位,之前他在云南行脚,缘分把他带到了终南山。他带了一把琴来到纯阳洞,当阳光将山洞照亮,松鼠蹲在门外的松枝上洗脸时,若水便会在洞内吕洞宾祖师塑像前焚一支香,看香烟直上洞顶,然后开始弹琴。

他常去附近的山上散步,顺便采集一些木耳、灵芝,有一次他竟然发现了一块天上坠落的黑石头。那是一块玄铁,古时道家就有人专门寻觅那样的玄铁用来铸造飞剑。他每天只生一次火,秋天则采集野菊花和在面粉里,做黄白相间、色如金玉的菊花馒头。有一次他为了磨炼心性,云游了很多地方后,步行数月走回终南,被人们误认为乞丐。无论多么饥饿,面容多么邋遢,且常常露宿在星空下,他的道袍却一直是素净鲜亮的。

住在山顶,平时看不到人影,鸟兽偶尔来做客,夜晚听风声吹过一座又一座山,林木在风中发出纤弱响声,这宁静多么奢侈。一天夜里,月华入户,他坐起弹琴,隐隐看见门外透出绿色光芒,出门去看有树枝一样的物体在地上伸展,通体发着莹莹的光,想必是来听琴的。

对于修行者来说，要度过寒岩枯木的阶段很不容易，在山洞中住久了，熬过住山的孤寂后，如果认真用功，则会对这个世界生起更多美好的情怀来，犹如寒岩也有温热的时候。若水说，冬天来时，冷雾被风吹来，当翻涌到山洞的岩石前时，雾气自然会绕开。有一个秋天，他再次下山，背上没有行囊，琴也没有带，他走的时候满山的清风，松子飕飕落地，我问他何日归来，他说且看风中飞蓬，于无归处处是归途。

麻里观

终南山的山洞往往藏在幽谷之中，如果沿着狭小山谷中的水流，逆流而上一路攀登，到豁然开朗处就会有岩洞，绝险之处气象万千，境界也大。麻里观所处的位置同样在山谷之上的开阔处，四周危石耸立，山峰朝贡，白云在洞前翻涌，流泉在洞下冲击石头发出金玉之声。洞口朝向正南，山泉自东往西南流泻。洞前约有两亩平地，果树及各种杂木参天。洞原本是一块天然巨石，石下约有五六丈宽。

二十多年前，大义谷海莲曾修葺麻里观并在此隐居。数年前一位修行者在洞中无缘无故地死去，后来一位年轻的行者做了洞主，并决心在洞中一直住下来直至成道。半年之后，来了一个陌生人，声称这个山洞本来是他的，要行者搬出去。陌生人在山洞的岩壁上写了斗大的"死"字，并提醒这位年轻的行者，如果不搬走，可能要重复上一位洞主最后以身殉道的结局。年轻的行者曾经跟随自己的祖父学过法术。他在地上插满红色的小旗子，旗子上用朱砂画上符咒。他终于保住了山洞，但他

民国时期隐修者住过的茅屋

还是决定下山，只留下了一张琴和数百册书。对于下山的原因他只字未提。他将山洞托付给了落脚在终南草堂的常真法师。

大约一年前，我在道教名山罗浮认识了韩师兄，他曾经是位成功的商人，后来跟随武当山的道长学道，我见到他的时候他正在学习修炼道家内丹，但后来他竟然剃度出家做了和尚。不久前他来到终南草堂想寻找隐修的地方，后来他就成了麻里观的当家，火头水头灶头知客一身兼，做了自己的主。

辛卯年的第一场大雪过后，八零后隐修者常真法师回到终南草堂，满山落叶声中我们在松下相聚，他的笑容像秋天的菊花一样灿烂，看得出他这个洞主做得很逍遥。前不久他采到碗大的一株黄精，他知道我喜欢，便引诱我去他的洞中取一些下山。黄精一年才长核桃大一点，这么大的黄精是很少见的。看到我眼睛发亮，他哈哈大笑。下山的时候我跟随他去了他的山洞，新的洞主为这个岩洞取名为"菩提禅居"，以此表明他只对禅感兴趣。

住山才几个月，新洞主学会了很多手艺活，篱笆柴门是他亲手造的，门上还挂着一块牌子，上面有文字：贫僧进山采药，酉时归来。这个牌子可以方便附近的其他同修了解他的行踪。山洞门前挂满了柿子，前任洞主走之前曾经用山中的野梨和柿子酿了酒，新洞主严格持受戒律，不敢消受这美味佳酿，但倒掉可惜，他于是泡了很多药草进去，正等着将酒送人。他打开坛子，请我品尝了一口，真是味道清冽，于是甘心领受好意，灌两壶下山与人分享。

麻里观的洞室不大，一张石头床占了大半个山洞，石床上堆满了书籍，石床外用布帘子笼罩着，异常昏暗，坐禅正好需要这样的环境。除了书籍和吃饭的灶具，洞门外最引人注意的是洞主采集的药材以及采药的行头：一顶斗笠、一披蓑衣、一把药锄、一只药葫芦。携带着药酒、黄精以及洞主极力推荐的柿子，我准备满载而归。洞主还盛情赠送一粒药丸，那是他远在长白山闭关的道友赠送给他用来辅助修炼的。

文殊洞

文殊洞在大峪山谷入山十二里处东面山谷之上，依大石岩上山，过山岩瀑布，洞在瀑布之上。瀑布是季节性的，下雨时才有，天晴之后水流薄如纸张。

洞主行头陀行，披发长须，腰挂葫芦，手拄藜杖，已经远游数年，至今未归。

云龙洞

终南山的云龙洞或许是一个特别的山洞，这个山洞是云龙洞主花了三年时间，用双手抠出来的。洞口在一块巨石下，洞深数丈，直通河底，站在洞中可以听见河流水声。云龙洞主最初来到这个地方时，除了石头，找不到可以避雨的地方，也没有挖掘工具，他发了一个誓愿，决定用手挖洞。他双手缠住那些巨石，但指甲很快断

隐士的茅棚

了，挖到一半的时候，一块大石又压断了他的腿，但他白天依旧拖着骨折的腿挖洞，晚上拜经修忏，几个月后他的腿自然长好了，洞也挖好了。

天气晴好的时候，云龙洞主偶尔会坐在洞口的大石头上读经，河水从洞口前流过，溅起的浪花将洞边的青草洗得发亮，绿水环绕，云龙洞主坐在水声与清风中。他的洞里一无所有，松鼠尚且藏一些松子、核桃在自己的洞中，云龙洞主什么也没有，几十年来，他每天听石头间水声涓涓，夜晚则在黑暗中读经，每读一个字磕一个头。

他的服装很奇异，既像道士又像和尚，他的胡子、头发很长，手上缠着念珠。他既在道观里出过家，也在佛寺中做过和尚。他自称是霞光童子，他说刚来到这里的时候，天上有一道霞光射下来，就停在他身边，所以他将在这里住很久，为人们祈福。

无忧洞

无忧洞在终南山大峪，是一块巨石构成的天然洞室，洞旁有山泉，洞主遍栽绿竹。洞主写出公告，免费提供土地给热爱山居的人种植蔬菜，还义务给人理发。

洞主号无忧子，擅长制作山珍野味，她做的铺盐山芋曾经使山中的每一个人日夜思念。她将松针采集来做成茶点，用车前草的叶子缝制枕头，用端午节采集的艾草做香袋与人结缘。她像一个孩子，告诉每一个路过的人山中的快乐。

莲花洞

终南山莲花洞是每一个熟悉终南山的人必到的圣地,因为佛教净土宗十三祖印光法师曾经在那里剃度出家。莲花古洞在距终南山大峪山谷约二十里河边西面山谷上,洞口朝东,洞内方圆数丈,洞顶空旷,洞深处有一个石莲花自洞顶垂下,莲花中一股山泉日夜流淌,在洞中汇聚成小池,然后流出洞外。洞内供奉印光法师圣像,现在没有洞主,但有人照看香火。

无名山洞

无名山洞在大峪河逆流而上二十里,河西板庙子村的山崖上,据一个山民讲,曾有一位道姑在其中隐居过。山民小时候放过羊,上百只羊都可以进洞去避雨。无名山洞洞府宽三丈,洞内隐约有泉眼,洞前有少许开阔地。

张良洞

张良洞在终南山紫阁峪,传说张良早年隐居在那里。洞在悬崖峭壁

此洞为无名山洞,图中人物为洞主,已圆寂　张剑峰摄

之上，没有栈道可爬，洞口长有一株高大的松树，附近有张良弹琴的琴台。几年以前，煮石山人曾约人准备攀爬上去探访，最终未能成行。

碧天洞

碧天洞在蓝田玉山附近，蓝水河边西半山上，据说韩湘子曾经在那里修炼过，还有人说洞中藏有韩湘子的遗骨。碧天洞洞口朝东，洞内宽广，分内洞与外洞，外洞没有门窗，内洞曲折，光线昏暗，隐约有流水声，煮石山人曾经前行几里，中途返回。洞附近有废弃的道观，道人远走，但在门上留了电话号码，至今无人停留。

湘子洞

湘子洞在终南山南五台后山大茅棚附近的山崖上，洞前有土地可以耕种，三丈之外是百丈悬崖，站在洞前向南方眺望可以看见终南山主峰太乙峰淡淡的山影。

山洞有内洞和外洞，外洞有炕，内洞广大无边，据说可以容纳几千人。传说韩湘子当年隐居洞内，洞内曾有石床，韩湘子与妻子修道共住在洞中石床上，并请鲁班用墨斗在石床上打了一条线，夜里睡觉也不越过此线。

湘子洞如今有僧人居住，并修建了一道山门，改洞名为华严洞。

图中人物为终南山隐修者谢道长

梅花洞

梅花古洞在终南山无名山谷，沿山谷水路走半天后，见一线天空，豁然开朗处就是梅花洞，梅花洞前有无梅花不得而知。洞前有一平台，多年以前一位行者精进修持住洞多年，见过他的人都认为他是一位将来可以证道的人。

有一天，这位修持者在岩上独坐，突然看见巨石之上一对男女赤裸缠绕，惊骇之余内心竟涌动千层浪涛，不敢暂住，几天以后就下山了。他换了一个地方修持，有一天，来了一位女子，他们四目交接，因缘像春天枝头的桃花一样绽放了，这位修持者就跟着那位女子下了山，开始在红尘中流转。多年以后人们又看到了他，经历了春天花枝烂漫，他又回到山里。

目光所到之处无限辽阔，也许经历一番后，他的目光可以穿越季节以及有无了。修道正如山洞的名字梅花一样，如果不经历严寒就没有清冽幽香。

十多年前，终南山的悟宣法师曾经住在那里多年。更早之前，民国时的隐僧大愚法师也曾经在那里隐居，自他离开以后，断断续续也曾有人走过那条通往山洞的路。

黄龙洞（沣峪）

黄龙洞在沣河上游，沣峪的深处东面山上，山洞广大，中有山泉，冬天洞内袅袅飘出白雾。曾有人看见古代隐士留下的碑文。但至今已很多年没有人住过此洞，路几乎荒芜了。

正阳洞

正阳洞在华山景区东部王刁岭，洞前有石刻。正阳是八仙中钟离权的道号，钟离权在终南山鹤岭隐修，鹤岭疑为王刁岭。

希夷洞

希夷洞在华山景区西峰下希夷峡山谷口，洞高数十丈，早年有铁链可以攀爬到洞顶平台，而平台绝险，几乎无法攀爬。《华山志》记载仙人陈抟羽化后，仙骨曾存放在洞顶平台上，有人将他的紫色灵骨

群山之间有隐士／峨嵋电影频道

偷了一根，山中羽士生气，便将铁链去掉了。煮石山人曾与若水道人一起爬过希夷洞，攀上了洞顶的平台，隐约可以看见平台之上供有一张小几。

王母洞

王母洞在华山王刁岭半山上，洞口朝北，洞前可以眺望黄河，天气好的时候还可以遥望葬有轩辕黄帝衣冠的桥山山脉。洞内有石床，洞顶之上有古代隐士雕刻的莲花，雕工遒劲，神韵飞动。曾有华山散人炼制黄精秘藏于山洞。

王刁洞

王刁洞在华山王刁岭，洞口有井，洞壁有刻字，隐约可以辨认出该洞为汉朝时期某道者修建。王刁洞被称为华山最大的天然山洞，洞藏身在山间朝东的山谷内，洞顶之上山岩浑然一体。洞室内浑圆，洞分三进，前洞宽广，可以容纳近百人，中洞略小，后洞略大。明清时期先后有王瑶、刁自然两位真人在山洞中成道。

朝元洞

朝元洞在华山南天门之南、长空栈道上，洞内有巨型元始天尊雕像，有白须老道长守护。

全真洞（又名郝祖洞）

华山长空栈道尽头悬崖之上凌空有一块平台，平台之上凿出的一个山洞，就是全真洞。全真七子之中郝大通真人欲在华山修道，但在他登上华山之前早有陈抟老祖创立了华山派，郝大通真人上山时，山上已经没有可以居住的地方了。华山绝险，房屋茅棚无法建筑，开凿石洞相对容易些，但需要磨秃无数把凿子。开凿山洞可以使更多山林之士安顿身心，用功修道。郝大通真人先后在悬崖上开凿了七十二个山洞，每次当他凿好一个山洞之后，总有人来占据或者讨走，他用最后的时间凿完这个小山洞，住进去之后就羽化了。

马仙洞

马仙洞在华山王刁岭悬崖上，悬崖上的石缝之间生长着几株古松,古松的根上积攒了风中的尘土,尘土中长出草,使这里成为一个小广场,广场上雨水积攒起来,可以供洞中的隐居者饮用。马仙洞就在悬崖上凌空出世,洞门面对太阳升起来的地方。山谷对面是中条山,再远处是河南和山西,黄河就在那里一泻千里。

有时候王药勋行者会背上一点米,在山洞前焚一支香,然后打开生锈的门锁住进去,喝一点山崖下积攒的水,嚼一点松茅,就可以过很多天。他不会写诗,但会读诗,风将各种草木的味道,翻过几座山送到他鼻孔中,鸟儿在山谷中遥相唱和……

毛女洞

毛女洞在华山景区内,但不属于被开发的区域。幸好没有被开发。解放以前,闵智亭道长曾经在那里住过很多年,夜晚他就站在洞外观星,后来绘制了一张著名的天文图。毛女洞发源的法脉是华山道教中比较重要的一支,现在洞前还有石磨在那里。

住山的人中,很多人都熟悉毛女洞,曾经有人经常听到毛女的琴声从山顶传来,引起一些幽思好古之人无限遐想与牵挂。毛女活了几千年,曾经被多人在不同时期遇见过。与华山相关的很多志书上都记载着人们遇见毛女的故事。

玉女洞

玉女洞在华山向上方旁边的悬崖上,山洞门前华山西峰流下来的河流清澈见底。煮石山人曾经在那里遇见过一位道貌高古的道人,想来此洞一直有洞主。

丘祖洞

景福山麓,古名灵仙岩,丘祖洞、长春洞、丹阳洞三洞均在清和宫楼后石岩上,前二洞是丘处机与丹阳真人马钰修道处,洞均狭窄,仅能一人容身,须攀缘铁索而登。丘祖洞虽小,但为全真道龙门派祖师潜修处,全真道徒到此,有"高山仰止"之感,必发崇古之幽情,虔诚朝拜。洞内有石球,直径约三十厘米,光泽滑圆,名"磨性石",传说丘祖在此洞修道时,磨炼心志,每天将此石掀滚下去,再抱上来,年深月久,竟将不规则的石块磨成圆形。

吾老洞

吾老洞在终南山楼观台西,田峪河边山顶,洞内深邃,清凉,内供老子圣像。著名隐者太白山神李柏,受吾老洞住持道人石和鸣之徒纪常静的请托,撰写《重修吾老洞老君庙碑》:"终南山有说经台,西八里就山有吾老洞。林泉幽胜,关中一大洞天也。上有老子庙,其创造颠末,详对山之太峰碑记。至明季盗起,直攻山林,神殿紫宫,半为焦土。吴人章泰来宰周至,捐俸修葺正殿,工竣勒诸山碑。住持道人石和鸣复募缘缮修左右长廊千八楹,金碧丹青,焕然一新,工始于康熙二十二年元月,落成于康熙二十三年三月。"记述了增修吾老洞左右长廊的概况。

李柏于秋末冬初,乘兴登上大陵山,游览山光水色,写有《登吾老洞》诗:"天半孤峰鸟道盘,山门烟锁老松寒。石桥秋水沉云黑,铁壁残雪抹日丹。岩静风生玄豹窟,峡深水抱老龙蟠。游人醉倒斜阳里,一枕溪声海岳宽。"

清末,吾老洞庙宇被毁,重要碑石如吾老洞石匾等移至东楼观说经台。民国时期,吾老洞亦有小的修葺。

现此地有乡人联合管理,洞上有庵,住着一位道士,常在内洞潜修。洞内香火寥落,墙垣残败,四处用木头撑着,似乎随时都要倒塌。

大雪岩洞

大雪岩洞在太白山西汤峪云门口山谷,明末清初,汉族有风骨的文人纷纷遁世隐退,关学大儒李柏曾隐居洞中著书,他死后被清朝政府封为太白山神。

山居煮茶——南山亭茶谭

文／南山如济

图为南山如济先生的南山亭

一、听雨

山居听雨是件雅事,特别是在南山亭听雨。

山上很静,除了风吹鸟鸣以及偶尔的人声犬吠外,几乎没有其他声音。这时候念佛、诵经,或者煎水煮茶,自然就很专心,也很受用。

或许是海拔高的缘故,山中的雨并不大,风势却很猛烈。"山雨欲来风满楼",这样的景象只有在山中居住过的人才能够领略到。

雨通常是细细密密地洒落下来,人坐在南山亭里,听潇潇雨声,心里充满喜悦和清凉。山中雨势虽然不大,但下雨范围很广,远山近岭都沐浴在迷蒙雨雾里,湿淋淋、沉甸甸的,充满生气。

《妙法莲华经·药草喻品》:"譬如三千大千世界。山川溪谷土地。所生卉木丛林。及诸药草。种类若干。名色各异。密云弥布。遍覆三千大千世界。一时等澍。其泽普洽卉木丛林。及诸药草。小根小茎。小枝小叶。中根中茎。中枝中叶。大根大茎。大枝大叶。诸树大小,随上中下各有所受。一云所雨。称其种性而得生长。华果敷实。"

这段经文我非常喜欢,每每读来,都有一种发自内心的清凉和喜悦。如果您在山中住过一些日子,或许也能领略其中况味。

如济赘语:

喜欢雨季,大概是因为生长在北方,雨水较少的缘故吧。

记得小时候关中地区雨水很多,每到秋季,村庄总会被泛滥的河水包围。村庄周围是一圈夯土筑成的高大"旱台",因为年代久远,台上榆树、槐树、椿树成群,都有碗口粗细,而酸枣、枸杞就更多了,看上去很茂密。

小时候并不喜欢下雨。满村落的泥泞、肮脏暂且不说,单单坐在土屋里听雨就已经很令人烦心了。下雨天大人们依然有事干,要去开会,白天基本没有多少空闲时间。我那时候年纪还小,不会念佛诵经,也没有书看,更不用说看戏、看电影、电视了。不过孩子们自有乐趣,各种简单游戏总能占据大半天时间,除了下雨天。

下雨天我的娱乐方式是看小人书。因为父亲是中学老师,所以家里总会有一些书,我又特别喜欢收集,下雨天看小人书、读小说成了我小时候的"奢侈"生活。但更重要的是下雨天可以不用下地干农活了。虽然是十一二岁的孩子,但平时除了割草、打柴、捡牛粪,还要和大人一起下地干活挣工分,都是很辛苦的事情。

说到小时候的事情,真的很辛酸。好在我个性坚强,特别能吃苦,多苦多累也都不放在心上,唯一能慰藉我的就是读书。书中的人和事,以及小时候那些很奢侈的"梦想",现在回想起来就像做梦一样。《金刚经》中所说的:"一切有为法,如梦幻泡影。如露亦如电,应作如是观。"这四句偈对于我而言,最能心领神会。

"人之初,性本善。性相近,习相远。"这是古代儿童启蒙读本《三字经》开篇的一段话。我小时候最早读到的最多的就是"好好学习,天天向上"。唱的歌是"我爱北京天安门""学习雷锋好榜样"以及"东方红,太阳升"等。这样的教育使我从小就不信佛,虽然爷爷奶奶都是当地的"居士",家里有佛堂,也有很多佛经,但我从来都没有正眼看过。甚至读大学以后,我对佛教依然抱着轻视甚至鄙夷的态度。

我现在常常说自己"业障深重",又说"共业所感",都是真心话。很多人除了金钱和权力,什么都不相信,这就是佛陀所说的"断灭见",很难教化。这些年国家富裕了,民众生活改善了,许多人开始相信佛教。

宗门教下法门很多,众多法门之外,净土宗的"念佛法门"被视为易行难信之法。为什么难信?说实话,不是因为这个法门难信,而是因为人们的善根尚未具足,不能完全相信。真的具足了,自然也就心开意解了。

"世界本来清静。没有泥泞,没有污淖,也没有秽恶,只是我们的自心还没有拭净而已。"

我端坐在南山亭里,望着迷蒙雨雾,心里默言。

二、烹雪

下雪天烹雪煮茶另有一番情趣。

煮茶要在屋里,先烧热一盆炭火,大家围着火盆坐下,然后开始煎水煮茶。

水当然要用雪水。

说到烹茶取雪,也很有讲究:要在雪落下半寸厚以后再去取,先刮去表层积雪,然后取距离地面约五分之一处的积雪,这样的雪很洁净,用来烹茶很好。此外,要选择山石、陆地或池塘边的积雪,而不要用茅屋、草垛以及山道上的,以免沾染异味。《红楼梦》中所说的收取梅花上的积雪,那是小说家言,不足为凭。如果有条件,可在冬天多收集一些积雪,储藏在水缸中,第二年开春也可以煮茶。至于用

掬水.

窖藏多年的雪水云云，同样不足取。

雪水煮开后，就可以煮茶了。不能用雪水泡茶，还是煮茶好。雪水性寒，以免伤及脾胃。

茶汤分好后，每人一碗，就着火盆饮，滋味很难用言语来形容，唯有会心者或可领略一二。

如济赘语：

> 昔我往矣，杨柳依依。今我来思，雨雪霏霏。

这是《诗经·采薇》里的句子。不知为何，每每吟诵此章，我总会把它和"灞桥风雪驴背"联系起来。孙光宪《北梦琐言》记载了唐代诗人郑綮的一段轶事："相国郑綮善诗……或曰：'相国近有新诗否？'对曰：'诗思在灞桥风雪驴子上，此处何以得之？'"虽然是句玩笑话，古人雅洁孤高的诗怀于此可见一斑。

我们生活在这个世间，虽然有种种不如意事，但保持快乐优雅的情怀至关重要。我们生存在一个"堪忍"的世界，虽然苦，但可以忍受，可以修行。所谓修行，就是要将我们过去生的种种知见和习气修正过来。

修行要从平常日用着手，从起心动念处着手。禅宗讲"参话头"，也是这个意思。

在这个"堪忍"的世间修行，需要很大的决断力和定力。要时刻保持正念，保持优雅高洁的情怀，如同莲花一样，出淤泥而不染。

要保持优雅高洁的情怀，首先要过清贫的生活。

清贫的生活无欲无求，一瓢水，一钵粥，一榻绳床，一坐蒲团，一卷经书,一句"阿弥陀佛"圣号,已经很富足了。除此之外,皆为奢侈之物。

古语里说的"箪食瓢饮""身无长物"等典故,都是讲古代读书人的清贫生活的。

如今困惑我们的不是物质匮乏,而是拥有太多。譬如茶碗,我就有十几个,中国的、日本的、韩国的,还有一些据说是古代遗留下来的。但我最常用的也就一两盏而已。这都是贪欲之心依然炽盛的缘故呵,说起来很惭愧。

清贫生活仿佛冬天的一场大雪,不但能洗去山林浮灰,也能洗净大地污垢。将贪、嗔、痴、慢这些无名烦恼彻底清除掉,智慧才会逐渐显露出来。就仿佛漫天大雪里,梅花冲寒冒雪,倾吐出缕缕馨香。雪压冻土,待到来年冰雪消融,迎来的是满山青翠和芬芳。

采薇采薇,薇亦柔止。日归日归,心亦忧止。

那一年冬天似乎很漫长,雪特别大,洛阳城被大雪拥堵住了。洛阳令雪后巡视灾情,见家家户户都扫雪开路,出门谋食。只有大名士袁安家门口大雪封路,没有一丝生气。大概袁先生已经冻饿而死了吧,洛阳令心里一边这样想着,一边命人除雪入户。袁先生没有死,他僵卧在床榻上,奄奄一息。洛阳令扶起袁安,问他为什么不出门乞食。袁安答道:"大雪天人人又饿又冻,我不应该再去打扰别人!"洛阳令嘉许他的品德,举为孝廉。

大约两千年后的一个冬天,时年六十二岁的虚云和尚来到终南山狮子茅棚。他烧红了石灶,支起一口铁釜,准备煮山芋充饥。柴门外

柴门

寒风呼啸，雪大如席。他跏趺而坐，等待芋熟。新年到了，山下传来鞭炮的声音。邻近茅棚的几位出家人前来贺岁，看到狮子茅棚前满是虎狼之迹，以为虚云和尚遭了难。推开柴门，发现老和尚已经入定，用引磬开静后，老和尚很客气，说："大家一起坐下来吃山芋，我上坐时煮的，估计已经熟了。"打开锅盖，发现铁釜中芋头霉厚寸许，坚如冰石。原来他已经入定二十多天了。

雪越下越大，神光依然站立在山洞外，雪已经将他的身子完全封裹住了。达摩禅师默默看了他一眼，叹了口气，问："你到底有什么事？"神光的身体已经僵硬，心里空空如也。他来到达摩座前，说："弟子心中不安，求和尚安心。"达摩伸出粗糙的手掌："将心拿来，为你安。"神光答："我没有找到自己的心。"达摩瞪了他一眼："我已经为你安心了！"神光立刻恍然大悟，身体似乎也暖和起来，他跪地行礼，泪如泉涌。山洞外大雪纷纷，如银团花簇，山河大地覆盖在皑皑白雪下，蕴藏着新的生机。

采薇采薇，薇亦作止。曰归曰归，岁亦莫止。

烹雪是一种雅趣和情怀，非关贫富，非关闲忙。古今殊异，落雪不同，但赏雪的心情应该没有改变吧？

"黄狗身上白，白狗身上肿。出门一呀喝，天下大一统。"这是强人诗，皑皑白雪掩盖不住贼心贼胆。

"已讶衾枕冷，复见窗户明。夜深知雪重，时闻折竹声。"（唐·白居易《夜雪》）这是雅士诗，满室清寒难掩诗人内心的喜悦。

"忽如一夜春风来，千树万树梨花开。"（唐·岑参《白雪歌送武判官归京》）这是边塞诗，是只有盛唐才有的赏雪诗句，清健挺拔，似闻雪寒梅香。

"垂钓板桥东，雪压蓑衣冷。江寒水不流，鱼嚼梅花影。"（清·释敬安《题寒江钓雪图》）这是隐士诗，从清寒境界中嚼得满齿清香。

"山厨寂寂断炊烟，冻锁泉声欲雪天。面壁老僧无定力，又思乞食到人间。"（元·石屋清珙《山居诗》）这是禅者之诗。所谓禅悦之味，大概就是诗中所蕴藏的意味吧。

用古人诗句烹雪，以慈悲喜舍入茶，大概最能得茶汤真味吧？

我端坐南山亭上，等待冬天的第一场雪。大雪过后的来年春天，提着竹篮，好去山间采薇啊。

三、敲冰

据唐《开元天宝遗事》记载："逸人王休居太白山下，日与僧道异人往还。每至冬时，取溪冰敲其晶莹者煮建茗，共宾客饮之。"王休是唐代有名的隐逸之士，传说他"不亲势利，常与名僧数人，或跨驴，或骑牛，寻访山水，自谓结'物外之游'"。

如济居四季水泉不绝，即使是在寒冷的冬天，也很少有断流的时候，所以不存在敲冰煮茗的典故。如果非要去敲，难免有附庸风雅之嫌。但如济曾在终南山其他峪中敲冰煮茗，大概能领略其中风味。

那时候正是冬天最寒冷的时候，如济和几个朋友一起进山，到了营地准备午饭时，才发现附近的小溪已经结冰冻住了，没有一点水。无奈，只好用铁锹将冰层砸碎，取出冰块，放到锅里化开后煮沸，才

掩映在修竹中的茶亭

可以做饭。

取冰很难,我们花了近半个小时才弄了大半锅冰,我又收集了一小壶看上去尚"晶莹"的冰块,以备煎水煮茶。

说实话,这样煮出来的茶汤并不好喝,因为小溪结冰已久,难免沾染土气及腐叶朽木气息,滋味不纯净。回想王休当日取冰,一定是在溪边,溪水清澈,流动不息,只溪岸边结着一层薄冰,他敲取这样的冰煎水煮茗,可谓取山水之精华,自然能发茶香、溢茶味了。

如济赘语:

说到敲冰煮茶,那也是山居风雅之事,一说心里便已经有种清冷的感觉了。

冰是水泉的精华,质轻于水。煎茶用水讲究四个字:清、活、甘、冽。山泉水清、活、甘这三德都可达到,唯有"冽"的境界难以企及。冽,从字面上理解,也就是清而冰冷的意思。《易经·井卦》卦辞说:"井冽,寒泉,食。"张衡《东京赋》中说:"玄泉冽清。"所以水泉结的冰花可以说是四德具备,很适宜煎水烹茗。

唐代诗人马戴有一首名为《寄云台观田秀才》的七言绝句:"云压松枝拂石窗,幽人独坐鹤成双。晚来漱齿敲冰渚,闲读仙书倚翠幢。"这里取的是堤岸河渚的冰凌,敲冰漱齿,表现了诗人高洁的情怀。

茶人陆龟蒙在《子夜四时歌·夏歌》中吟诵道:"兰眼抬路斜,莺唇映花老。金龙倾漏尽,玉井敲冰早。"这里取的是井水精华,清冽异常。

宋人有一首《深冬》诗,清冷可喜,其中有句曰:"春意一炉红榾柮，故人两坐绿蒲团。敲冰自换瓷瓶水，浸取梅花仔细看。"冰清玉洁中添得梅香一节，耐人嚼味。

敲冰有讲究，煮冰也有讲究。冰块融化后稍稍沉淀一两个时辰，然后添入砂铫中，底根水弃之不用。待得砂铫中松风急鸣、水近初沸时，舀半勺山泉水进去，至三沸时提铫离火，冰水也就煮好了。这样煮出的冰水不会过于轻浮和凝滞，而有着山泉沉着鲜活的味道。

除了山泉水凝结的冰凌外，又有江河湖泊上的冰块，又有峡谷溪流里的冰川，又有冰山、冰峰、冰柱、冰溜等。采取洁净的冰块，都可以用来煎水瀹茗。

我常常在想，水和冰虽然形状、名称不同，但到底是同一种物质。有人说冰是水的精华，是水的沉睡。也有人说水是冰的眼泪，是冰的觉醒。然而无论如何，水和冰的本质并没有变，是一不是二。

冰成于水，最终又融于水。冰只是水的禅定而已。

我们每个人的心里也是如此。当没有任何思虑的时候，空明澄净，就仿佛是清水。接触到外面的人、事、物了，心思动荡、散乱，就仿佛是浑水。遇到大的劫难或者苦痛时，心扉关闭，城池固封，坚若寒冰。但无论是清水、浊水还是坚冰，这个能思虑、能动荡，甚至能冰封的心，其实只是一个，没有增减。

正如《心经》里所说："不生不灭，不垢不净，不增不减。"是一不是二。

我们的心本来是赤子之心，无知无识，无喜无忧。老子《道德经》里说："专气致柔，能婴儿乎？"又说："含德之厚，比于赤

千竹庵后隐修者闭关的小院

子。"所谓"赤子之心",就是我们的本心、初心,没有染污,没有增减。随着知识积累,随着涉世日深,心里盛放的东西越来越多,我们渐渐失去了赤子之心。用佛教的话来说,就是我们的真心被外面的五欲六尘所染污,真心变成了烦恼心,称做"我执"。烦恼日深,知见日增,形成了自己固定的见解,称作"我见"。我执、我见即是无明失去了赤子之心。

要恢复我们的赤子之心,就要破除我执和我见。我执和我见仿佛是坚冰,只有溶解了,才能回归空明澄澈的水的特征。

要融我们内心的坚冰,有的人依靠佛法的光和热。

佛在《妙法莲华经》中说:"诸佛世尊唯以一大事因缘故出现于世。舍利弗,云何名诸佛世尊唯以一大事因缘故出现于世。诸佛世尊欲令众生开佛知见使得清净故。出现于世。"

破除心里的坚冰易,破除知见上的坚冰难。

因为时事环境的缘故,我们的许多知见都非正见,有些是邪见,更多的是断灭见。我们的思虑、语言、行动,无不受知见影响。我们禁锢在知见的坚冰里,不得自由。

要彻底破除知见上的坚冰,需要抛弃固有的思虑、知识和文字,离群索居,过清贫生活。或依止山林,或穴居岩处,在大自然里完善自己的道德情操和人格尊严。

抛弃现代文明,回归自性,回归大自然,沐浴在东方传统文化的重重雨露里,蒙被佛陀慈光温暖,在现世生死中重获涅槃。

冰冻融化称作"冰泮"。泮,就是消融的意思。晋·左思《蜀都赋》："木落南翔，冰泮北徂。"唐·孟浩然《自浔阳泛舟经明海》诗云："遥怜上林雁，冰泮已回翔。"都用到了"冰泮"一词。

冰泮是一个漫长的过程，其季节环境很重要。如果没有好的机缘，很难消融内心的坚冰。

如果我们真的能够彻底消融内心的坚冰，知见上的坚冰，此时煎水烹茗，大概最有意味吧。

且做歌曰：

寒气凛冽兮欲雪，江河凝滞兮冰封。

泥炉小鼎兮初沸，玉盏冰瓯兮瀹茗。

枯林冻草兮摧折，解衣僵卧兮休征。

【注】：晋代人王祥，字休征。

四、赏月

在终南山，隐士们以日、月为计算时光的刻度，坚持着上古时代既有的生活方式。秋天的时候，在南山亭赏月，静坐在亭中的蒲团上，不觉忘却十年陈梦。

月出皎兮，佼人僚兮。舒窈纠兮，劳心悄兮。

这是《诗经·陈风·月出》中的诗句，写尽了佳人曼妙姿态和月的妩媚与皎洁，很有意境。

南山亭赏月，一年四季均可，而以秋天最为殊胜。

赏月当然要在月明风清的时候，或在山亭，或于露地，置茶器，列瓜果，邀两三好友对坐月下，啜茗汁，话闲情，最有清况。如果一人，则不可。月魄属阴，一人心神，最容易患病。至于李太白所说的

终南山千竹庵所在的山谷

"举杯邀明月，对影成三人"，乃诗家之言，非我辈有泉石膏肓之疾者可效仿。

终南山又被称作月亮山，在月亮山上赏月，大概最有赏月意味吧。

如济赘语：

记得明末张岱《陶庵梦忆》中有一段文字，是说西湖赏月的："西湖七月半，一无可看，止可看看七月半之人……小船轻幌，净几暖炉，茶铛旋煮，素瓷静递，好友佳人，邀月同坐……月色苍凉，东方将白，客方散去。吾辈纵舟，酣睡于十里荷花之中，香气拍人，清梦甚惬。"

这段文字很美，但描写的是俗世间的月，而非山间之月。

山间之月很亮，如同一盘银镜，高悬在清碧天宇下，让人遐思。"小时不识月，呼作白玉盘。"据说这是李白记忆中的月，譬喻月的形象。"江天一色无纤尘，皎皎空中孤月轮。"这是诗人张若虚的月，摹写贴切。

南山亭赏月，云瀚浩渺，月魄孤洁，望上去真有"玉盘""月轮"的感觉。至于月光如霜、明月惊鹊、月上栏杆、月下飞锡这些古人诗词文章里经常出现的字句，只有在终南山上，才能真正领会其中意味。

望满天繁星，望渺渺霄汉，望一轮明月，不禁感觉到人生的无奈与短暂。

"人生代代无穷已，江月年年只相似。不知江月待何人，但见长江送流水。"张若虚的这首《春江花月夜》，如同一轮孤月，高悬在唐诗璀璨夜空里，照亮了每一个孤寂的灵魂。

"人有悲欢离合，月有阴晴圆缺，此事古难全。但愿人长久，千里共婵娟。"苏轼的这阕《水调歌头》，诉说的是人世间的别离之苦，抒发了他希望兄弟团圆的美好心愿。

其实无论阴晴晦朔，月始终就在那里，不会因为人世间的悲欢离合而稍有改变。只是因为浮云遮蔽的缘故，我们才会视而不见。然而无论我们见与不见，月始终就在那里。

我们的自心自性也如月一样，原本洁净明亮，因为烦恼遮蔽，渐渐迷失了。如果我们能抛弃自我、放下身心，来到精神的山林，就会发现这轮月仍在，桂影婆娑，皎洁如故，没有丝毫亏损和染污。

"我心似明月，碧潭澄皎洁。"这是寒山子的诗句，也是寒山子心中的月。

每个人心里都有一轮明月，我们能看见吗？

山居诗抄

本虚禅师山居诗选

为昌杰师法照题诗

柳叶青青知季春,流水淙淙洗客尘。

葫芦拄杖行箧外,衲衣浑然裹禅心。

冬钓图

寒山冰清水冷,万木萧索凋零。

行者山头兀坐,雪饵钓取北风。

如是如是

空聆林外玄音,卧承霞聚彩云。

无心风展柴扉,恰逢高步鹿君。

与鹿隐者辩性

君言三界外,我说五浊内。

汝道有三清,四清也粉碎。

在世不染世,出世不离世。

信步闲游处,劫火烧来时。

无题

幻事随缘了,无时且赋诗。

非述意中意,但说知外知。

信手拈来处,天造地设时。

正斜齐放光,横竖乃舍利。

春枝常领首,长流识不识。

新春曲

高吟无声曲,低抚无弦琴。

山高人未识,流水觅知音。

神游鹿池洞遇隐者

山僧踞野洞,煮霞起炊烟。

柴扉斜荒草,枯藤绕洞蟠。

树梢逐风劲,落雪罩松寒。

野旷天低树,幽岚衔远山。

欲觅真归处,风光独这边。

赞一圣尼师

终南风韵话僧家,衣袂飘然似云霞。

清风作杖行遍处,一兜明月满袈裟。

《和鹿隐者》二首

一

雪厚二尺未为奇,但愿二来方称意。

古云苦中方有道,血途原为乐时迷。

二

晴时不备粮与薪,雪塞山谷恨迟迟。

他日落在阎王手,却悔当年贪与痴。

作者简介:本虚法师隐居终南山大峪狮子岩下狮子茅棚。

不还居士山居诗选

文／不还居士

图／周红艺

秋山村居图

山居会茶友

一

犬吠知客到,松喧起坐还。

回看苔石处,谁人曾听泉。

二

云移山送绿,树动友相邀。

慢取清静水,浅冲小芽苞。

三

一泡山色入,再沏了尘心。

鹊唱黄昏后,无我亦无卿。

四

携风客自去,抱月主独眠。

残杯些许水,依旧照大千。

我一人独处之时,其实是不喝茶的,没时间。茶具和各种好茶,只为朋友准备,因为这里有好水。我院子里的水,是从三百米外的一眼活泉直接引来的,在泉口处埋了一条管子,又在院里安了个水龙头,城里来的"驴友"常常会这样惊呼:"啊?这里还有自来水!"当然,我这里的水才是真正意义上的自来水。这样上品的泉水,只有入了茶,才能完全彰显出它的超凡脱俗。于是爱茶的朋友们奔着这眼泉来了。同样的茶,用城里的自来水或者桶装水冲泡,是绝对泡不出这个味道的。所以,每次朋友们来,总免不了要对山泉茶水的味道大加赞叹。当然,朋友们走后,我就用它来洗菜、洗衣、洗脚,这时它又平凡如斯了。

山居经诵

峪通子午千障氤,岭贯高低五台云。

石桥左畔梵音朗,栗木前稍鸟言轻。

佛说从本原无我,无我何人更诵经?

入耳声声皆历历,无痕字字总惺惺。

山中经行

天青望月小,水白听鱼喧。

独行忽忘路,一任影裁山。

《山居经诵》与《山中经行》两首诗,都是我刚住山时所作。那时山里的游客还很少,有时接连二三十天都看不到一个人,非常清静。一日傍晚,下坐后我在山坡上散步经行,走着走着找不见路了,周围的草很深,还长满了灌木丛。我想,只要方向不错就好,就能找回家。于是我就朝着认准的方向,在灌木丛中钻行。钻着钻着,和一头野猪正面相遇了,原来我闯到了野猪的窝跟前。人家都说野猪不主动攻击人,但你要是侵犯到了它的领地,它就会疯狂自卫。可那头野猪见了我只是哼哼了两声,发出像家猪一样的声音。我赶紧后退、绕开，就这样，我们相安无事地错开了。从此后我认为野猪一点都不可怕。还有一次，野猪跑进了我的院内，还是在大白天，它跑到我的屋子后面哼哼。正巧有个"驴友"路过，于是问道："你养猪了？"我说："没有。""那怎么听到猪的声音？"我说："是野猪。""驴友"立刻惊呼着跑掉了。这些事好像跟这两首诗没什么关系，但又有关系，因为都发生在同样的时间和地点。

贺新凉
为自寿生辰，再赋高姓

那人知何处？

经卅年，贡高故我，原来自误！

高卷堆中书蠹劳，会得合头高语。

奈何心高身最苦。

惯看蜂忙蝇争血，高楼畔，云闲惹人妒。

欲乘风，高难阻。

归去来兮共鹤舞。

望东隅，小五台高，雨断阡路。

万仞藏机云似铁，妙高不知何筑！

自励高吟药山赋。

高推圣境都不是，只平常心中认得否？

终南高，卧猛虎。

七月七日是我的生日。记得三十多年前的这一天，我也是一个人

扁舟访友图

过生日，由于初涉世事，心高气傲，愤世嫉俗，迎风落泪，对月伤怀，所以写下了《贺新凉·为自寿生辰，独赋高姓》一词。今年七月七，当我饱经沧桑之后，回顾从前，反而能自省，能自励，善待万物。因此步前韵，再赋高姓一首。

其中"高卷堆中书蠹劳，会得合头高语"，是说自己也只不过如蠹书虫般多啃了一些书，学会了一些合头语（前辈现成的妙语）而已，而古人说："一句合头语，千古系驴橛"，是指只会学说前人现成的高言妙语，于修行是没有一点用处的，反而会成为自己前进的羁绊。"妙高"指妙高峰，是佛教中的一处圣境。"卧猛虎"是说自己也要和其他隐居终南的真修行人一样，像猛虎一般努力精进。

录前词，以作境界的对比。

贺新凉

为自寿生辰，独赋高姓

泪洒伤心处。

七月七，高门添我，实属天误！

身高人称傻大个，心高难随众语。

一生总被高字苦。

木秀于林风摧之，志孤高，反遭荆榛妒。

望前途，高且阻。

瘦影高杯相与舞。

弹铗曰：长歌当哭，奋之歧路。

纵有千年铁门槛，终须土坟高筑。

多病故有高台赋。

高揖叩问主簿司，肯还我芳龄十年否？

悲高风，声如虎！

凌霄词

山中宴坐

月上南岗，正恰似小杏初黄。

野竹迷乱，才知潜流银无方。

微风乍动声如虎，细雨还收草愈香。

果峪沟深人坐久，灯不移，茶不温，影不忙。

椿木直，榆木曲；水自下，云自扬。

灵犀一萌万象起，忖长量短举世狂。

无明本是看家狗，般若无非旧风光。

墙头识得汉时照，身即安，境即灭，心即亡。

我住山后，朋友曾送给我一只小猫和一只小狗。小猫是从城里来的，很精灵，我给它起名叫般若。小狗就是普通的看家犬，人们习惯叫它笨狗，我就给它起名叫无明。小狗无明其实并不笨，笨的是我自己，坚固的我执就是无明，像看家狗一样把这个身相抓得牢牢的，这成了我修行中最大的障碍。小猫般若并不比小狗无明聪明，倒是我自己本来具有的根本智，与诸佛菩萨无二无别，那是我的本地风光，是

鹿池洞旁幽隐的修真岩

我的佛性所在。明白了这一点后，我修行才渐渐进入了状态，不再七想八想了。后来，小狗无明丢失了，我找了几天都没有找到，过了很久才突然发现原来它出家了，它自己跑到了金仙观，并有了新的名字：闪电。小猫般若在留下了一大堆儿女后，不知所终，现在它的重孙辈，已变成隔壁老太太家的成员了。

小五台晚照

一叶扁舟泛月湖，霞光为浪境风殊。

小五台高香板渺，未知僧兄出定无？

我的山居之处，和小五台遥遥相望，小五台是西安附近的一处著名佛教寺庙，我每天都能看到它，却从未造访过。写了这首小诗，贴在网上，立刻就有网友回复说："出定了也！"我问另一位网友他为何这样说，这位朋友回答道："实际上，我去过小五台庙里很多次，从未见过和尚打坐。"听到这句话后，我很惭愧。修行是出家人的本分，也是我们住山者的分内事啊！

砍柴归来

日落空山外，云生冷泉西。

果峪柴薪客，挑得斗柄归。

我所在的那条山沟，叫果峪沟，我住在半山腰上。实际上这里海拔并不高，不到一千米吧，但却感觉离星星特别近。这可能是因为离城里的灯火辉煌特别远吧。

一剪梅

步蓝小蚁《我是词中落寞人》

十万关山独立人,宴坐三昏,静观六尘。

云在青天水在盆,收也无痕,放也无痕。

海底暖发便是春,出得俗魂,入得佛身。

扯来秋云封柴门,清了眼根,净了耳根。

一日下山回家,在网上读到蓝小蚁的《一剪梅》词,一时兴起,就和了一首。后来心想,我为什么就单单要步韵她的这首词呢?恐怕还是有点惺惺相惜吧。说真的,她的这首词中所流露出的才女情怀,颇像年轻时的我,自视超凡脱俗、卓尔不群,常有怀才不遇、生不逢时之叹,故感时花亦溅泪,恨别鸟亦惊心,体弱多病、多愁善感,顾影自怜、怨世嫉俗。但自从入山专修之后,我已渐渐地意气低平了。少了许多自视清高的才女情结,多了不少超然物外的浩然之气。

词中用药山惟俨禅师"云在青天水在瓶"一典,改一字作"盆",只是为了叶韵。一个人如果执着于身相我见,就好比瓶中之水,打破了我见身相的窠臼,就变成天上自由自在的白云。而对于一个真正树立起菩提心的人来说,出世可不与万法为侣,入世可和光同尘,云即是水,水即是云,又有什么区别呢?

山林之光／峨嵋电影频道

附：蓝小蚁原词

一剪梅

我是词中落寞人，左手黄昏，右手红尘。

阑珊捻破种冰盆，开也无痕，谢也无痕。

强把初秋作暮春，只这愁魂，怎入花身。

若将心事付流云，当发何根？应发何根？

半里桥

溪边宴坐归来

掐指越明年，谢暑迎凉。

未曾得个去处，崖岸萱草又黄。

自是前年屋檐下，看土蜂甚忙。

谷风正梳翼，拔座收帐。

榆梢鸦雀还巢，晚来南溪罢唱。

望断长空无片云，有一轮独朗。

  天气好的时日，我常常会在溪边的巨石上打坐，那儿无人打扰，旁边还有一处小瀑布，听着泉声静坐，心里安定。但那里虫类众生，为了互不伤害，所以我打坐时会挂一个蚊帐。

  有人曾问我：修行人最大的心理障碍，是不是寂寞与孤独？我说：不一定，对于我来说，最大的心理障碍，其实是经过了长时期的努力后，仍然一无所获，没有进步，没有感受，没有好的境界发生。这时我就会对自己产生怀疑：我是这块料吗？我放弃城市的舒适生活，跑到深山里来受这份罪，值得吗？要是一辈子都修不出个所以然，终老深山，生命还有意义吗？这些问题有时会困扰着自己，让我觉得非常沮丧，这时我也会生起退转之心，这才是最大的障碍。还好，我坚持下来了，守住了这份寂寥与宁静。

午后观终南红叶

闲云两袖晨饭少，晚照半席午眠迟。

率性天真独照处，空山红叶醉浓时。

饿时鼓腮，困时展足，无所事事，终日凝然。花黄叶红，云走霞飞，物换星移，常观自在。都市的紧张与喧嚣让孩子无童年，个个少年老成；山居生活的闲散与从容，却让我又变回赤心清纯，童眼真照。很多朋友读了这首诗后都赞叹道："好景致！"难道仅仅是秋色好么？

四时看山

四时心闲体亦闲，行看山来坐看山。

夏爽秋澄日日好，今宵孤朗彻夜圆。

高建群、张敏等十来位文人朋友们到我的山居来看望我，这些很少运动的文人们是从山口一直跋涉到我这里的，一个个累得够呛。我笑着说："亏了你们没从北豆角就下车，不然还得多走五里路。"有人笑了。在我这里品了茶后，建群坚持要请大家吃饭，于是一起下山。在酒席上，文人们大都谈论的是商场如战场、官场如商场，我听得全无趣味。事后我给建群发了个短信，说："你们大家谈论的那些官场险恶、人心莫测之类，我真的没有体会了。"同时我在短信中，信手拈来写了这首小诗。

在这首只有四句的小诗中，我一气拈提了两个古人的典故，一个是大觉禅师的"十五年前鬓未斑，抛砂撒土不曾闲。而今老大浑无事，行看山来坐看山。"另一个是云门文偃祖师的机语："十五日前不问汝，十五日以后道将一句来。"无人能答，师自代云："日日是好日。"比如说我现在，一个人住在山里，与世无争与人无争，什么烦恼都没有，整日里就是无所事事地看山看水、听泉听雨，心光独耀，有如朗月，当然日日都是好日子了。

鹧鸪天四首

山居之种菜

清明前后种豆瓜，山深节滞芽不发。
我自且歌且长卧，早观月落晚观霞。

水之左，山之阿，觌面相呈是我家。
不觉谷雨催夏至，满园翠蔬越柴笆。

山里气温低，种的菜总是比山外要晚许多时日才能长成，所以，不去企盼它，由它去，就是最好的等待。修行也一样，只管修就是了，不问结果。"觌面相呈"是禅宗里常用的术语，意思是面对面直接呈现。修到忘我忘法时，有一天我突然明白，原来自己每天惯看了的青山绿水、蓝天白云，就是自己的心相嘛！

烟江小景图

前调

山居之帮邻居老陈卖杖

秦岭峰高木亦奇,山翁砍炙费寻伺。

成就龙首蛇身杖,欲助行人登仙墀。

仰峻险,伏崎岖,杆木随身叹何倚!

荆棘丛绕东崖下,明月空谷在崖西。

　　隔壁的山民老陈每天要出门干活,于是托我帮他卖拐杖。我把拐杖放在门口,再挂上一个小纸牌,标明不同材质的价钱,然后就在房中打坐。有人要拐杖了,只要喊一声,我就出来。有时我不想下坐了,就不理;或者我去砍柴了,不在家,"驴友"就将钱扔在门里地上,将拐杖拿走。拐杖只是个助力的工具,你真想看到世外仙境,还得要敢于攀登历险。修行也一样,佛经的指引、师父的带领,都不能代替你的修行,你必须亲力亲为,自肯承当。修行,就是一个孤独的人跋涉在一条险峻崎岖的看不到尽头的路上。

前调

山居之中秋忆道友

我坐岭头天外山,君卧谷尾山内天。

运水搬柴各度日,云横雨阻又经年。

转秋朗,澈终南,谷尾流银清似泉。

岭头奔泉凉如月,一时普宇共团圆。

第一次造访张剑峰创办的终南草堂，已经是一年多前的事了。道友之间就是这样，偌大的一座终南，号称有七十二峪，剑峰的草堂在大峪深处的一座山谷里，而我的茅棚却在子午峪中果峪沟的一个半山上，平日各修各的，难得见上一面。好在中秋的明月只有一轮，无论东西南北，一时都在月明之中。道友们的心，也如一室千灯，光光相涉，无二无隔。

前调

山居之采薪

北风过后多枯樵，沿溪拾取渐行遥。

百转千回一涧水，几渡几逢赵州桥。

云出岫，鹊还巢，荷薪归来月正高。

空里移身轻如许，一步一踏青布袍。

砍柴种菜并不妨碍修行，所以每次去砍拾柴火，心里总是揣着一个公案。最近在读《赵州录》。赵州桥渡驴渡马，当然也能渡我。背着沉重的柴火走在月明下的山谷时，突然灵光一曜，恍然启悟，踏着赵州的青布衫了！别说一领布衫重七斤，就是这几十斤重的柴火，终日背来背去，我又何曾荷担过一斤一两？前三三，后三三，是多少？这赵州老儿，忒会拿数字哄人！

颂赵州东司不说

最忆赵州天真佛，东司之上道不说。

方呼方应清历历，朗地朗天灿陀陀。

有一天，赵州上东司，恰好赵州的侍者文远从东司外路过，赵州呼唤道："文远！"侍者文远应诺，赵州道："东司上，不可与你说佛法也。"东司就是厕所。

赵州古佛的禅机活泼之极，而且能随处呈锋亮剑，哪怕就在如厕的当下，机锋也会一闪而过，你稍不留意，就错过了！难道赵州在厕所里呼唤文远，就是为了告诉他，我现在正在如厕，不方便向你讲佛法吗？再说文远这会儿也并没有向他请教佛法，他也没必要多此一举的吧。

在东司上，赵州当然没有说一句佛法。但他又分明说过了。

作者简介：不还居士，通达经典，工于文词，志在山林，隐居终南不知年。

南山如济山居诗选

文／南山如济

千竹庵

山居数月，劳作、饮茶、参禅、打坐、念佛。闲暇时吟得诗偈数首，虽无大境界，却喜真切自然，盖山居实录也。近日酷暑，坐禅劳作之余，将旧作一并整理出，缀以小文，以遗同好，非止吟咏性情，用作消夏可也。

山居纪事

一

南山春事紧，移竹复栽花。

野老扶藜杖，家禽逾竹笆。

闲庭还共坐，粗碗饮粗茶。

二

吾生无长策，念念在山林。

瓢饮惭茗粦，箪食愧荠芹。

一身任零落，不废礼佛心。

如济寄语：

　　天色渐渐暗了下来，我端坐在庭院里，听虫鸣，看月出，迎露垂，心里了无牵挂。

　　夜露渐寒，依依不舍地回到茅屋里，忽然又转了回来，向月亮招招手说：我回去了先，明晚再来看你。月亮笑而不语，洒下一院清辉。

　　炉火已炽，坐了砂铫上去，听着铫中蝉鸣初起，从粗瓷茶罐里倒出一些粗茶，投进砂铫里，煎煮片刻，就可以出汤品饮了。第一盏茶汤奉佛，第二盏留给远方朋友，第三盏自饮。夜渐深，茶汤的气息仍在口角沁润。此时蒲团独坐，炉香默对，大概最为适宜吧。

忽然想起窗外的月亮,于是又来到庭院,却已经不见了月亮的身影。大概是困了睡觉去了吧?心里这样想着,口里也已经呵欠连连,禁不住自己也笑了。

茅棚纪事

一

山势若围城,茅棚初掌灯。

贝叶数行字,蒲团一个僧。

坐久思茶饮,清泉活火烹。

二

屋外山拳竖,坡头草色青。

晨风寒剪剪,鸟语细嘤嘤。

弥陀声声颂,心事渐欲平。

如济寄语:

茅棚也写作"茅蓬"或"茅篷",是隐修者搭建在山林间的一些简陋建筑,或依山崖,或傍水泉,或临丛树,或坐高坡。能遮风挡雨即可,不必过求奢华。

茅棚内可以参禅、念佛、饮茶、读书,是隐修者在山林间的道场。什么是道场?《维摩诘经》中说:直心是道场,清静心是道场。可见茅棚隐修者的茅棚不在于建筑的简陋或奢华,只要心地清净,所在即是道场。

对于如济而言,茅棚不但是参禅、念佛的道场,更是茶道修持的道场。如济常常对朋友说:茶汤的滋味只有在茅棚里才能达到最佳。

无他,此处清净而已。

对于渴望进行茶道修持的人而言,何必留恋尘世间的高楼大厦和豪华装饰呢?在茅棚里汲水煎茶,饮啜茶汤,这才是多生累劫修来的福分啊,值得永远珍惜。

五月唱宗风

一

五月唱宗风,竹庵木槿红。

石泉肌骨瘦,茗碗沫华浓。

蒲团依旧坐,莫漫扭虚空。

二

五月唱宗风,榴花照眼明。

庭前赵州树,胁下沩山僧。

一枚茶橐子,才举复放行。

如济寄语:

每年四五月份,是终南山最美的季节。暑热不起,蚊蚋未生,山花依次而开,河流日渐喧哗。一个人独坐茅棚里,饮茶、诵经、参禅、念佛,很受用。禅修之余,来到庭院经行,忽然发现篱落旁的一丛木槿已经开花,娇艳的花瓣上还带着昨夜的清露,让人顿生怜惜之情。不觉吟诵起宋人周邦彦《蝶恋花》里的句子:唤起两眸清炯炯,泪花落枕红棉冷。应景应情,清真居士真是词中圣手。

一些初学佛的同修听到我说到"情"字,难免狐疑:我们参禅念佛,不就是要破无始劫来的情执么,怎么还讲"情"字?

我想起圆悟克勤禅师的悟道公案：一次，有位朝廷要员陈提刑前来参访五祖法演禅师，并问佛法大意。五祖法演却问：有一首香艳诗不知提刑少年时读过否？"频呼小玉元无事，只要檀郎认得声。"陈提刑自然读过这首诗，于是恍然大悟，欣然而去。圆悟克勤禅师当时是五祖法演的侍者，在旁边听了这段公案后立即就开悟了，也呈了一首艳体诗给五祖法演求印证："金鸭香销锦绣帏，笙歌丛里醉扶归。少年一段风流事，只许佳人独自知。"大家看看，两位出家人和一位在家居士不但大讲世间的男女之情，还大谈香艳体诗歌，居然就开悟了，这是什么道理呢？这里处处都是话头，值得我们去参究。

古来高僧大德悟后又如何呢？"蒲团依旧坐，莫漫扭虚空。"依然是茶来吃茶，饭来吃饭，并无半点奇特之处。如果装神弄鬼，甚至要扭虚空作声，都是自欺欺人而已。此事到底如何？不妨借用赵州和尚一句法语曰：吃茶去！

鸣蝉

一

鸣蝉初附木，垂柳渐成荫。
茗荈开汤淡，诗文立意新。
趺坐南窗下，弦歌怀子衿。

二

向午无余事，焚香坐绿荫。
诗文裁后好，蔬果荐来新。
汲泉煎茗荈，清气满衣襟。

十月采菊

如济寄语：

清晨是蝉的世界，蝉鸣响彻庭院、竹林。一只纺线蝉大概是今晨才蛹化的，附在井台旁的柳枝上，"吱呀吱呀"叫着，表达着它对眼前世界的好奇和喜悦。知了们的叫声此起彼伏，聒噪人耳，其实它们又能知道些什么呢？《庄子》有云："朝菌不知晦朔，蟪蛄不知春秋。"茫茫宇宙，渺渺尘世，绝非知了们所能了然的，虽然它们依然"知了知了"地叫着，不知休止。

其实我们自己对这个宇宙、对这个世界，又能知道多少呢？可以说到今天为止，依然茫然无知。譬如宇宙是如何起源的，生命是如何起源的，等等。我们却整日沉浸在尔虞我诈的虚幻世界里，贪恋五欲六尘，造无尽的罪业。醉生梦死，辗转轮回，用佛教的话来说，是真正的可怜悯者，和一只知了又有什么区别呢？

我端坐在庭院竹椅上，碗里茶汤已凉，有一缕幽幽渺渺的冷香。

云瓯四章

一　云瓯

山中节气晚，篱落绽黄花。

霜柿明如火，清溪净似纱。

趺坐茅亭里，云瓯瀹紫芽。

二　伊人

南山多意气，霜叶红逾花。

涉涧汲活水，持瓯啜露芽。

伊人音书断，盈壑唱蒹葭。

三　雅意

山斋还独坐,草木渐枯黄。

煎水铁瓶冷,啜茗瓯盏香。

雅意无从寄,弦歌颂文王。

四　饭食

秋来惯清寂,趺坐对南窗。

水沸倭瓶浅,茶熟胡饼香。

饭食经行处,山花簇簇黄。

如济寄语:

这是一组写于秋天的五言诗,现在正值盛夏,鸟鸣蝉噪,蚊蚋叮血,溽热难耐。瀹了一碗粗茶坐在茅棚里,细细饮啜,读诵秋日山居诗数章,非但消暑,也可清心。

秋天的终南山艳丽冷肃,最适宜山居。秋天也是蔬果成熟的季节,板栗炸壳,霜柿如火,南瓜藤蔓生长在草丛间,瓜大如石。衣袖飘飘的行脚僧来了,一声响亮的"阿弥陀佛"叩开了隐修者紧闭的柴门。"原来是故人来了呵,怪不得今天早晨柴灶里噼啪响呢!"茅舍主人一边呢喃着,一边打开柴门,迎接故人进来。篱笆边秋菊已开,清露盈盈,花颜灿烂,似乎也在欢迎远来的客人呢。

泥炉炭火初起,从瓦缶里舀一勺泉水添进砂铫里,坐上砂铫,一边听水声渐沸,一边叙说阔别后各自的行踪。茶汤已熟,茶碗冲烫干净,将红润的茶汤倒入碗中,蒲团静坐,茶碗默对,趺坐在山顶茅亭里,静享一碗茶汤的滋味。

一朵白云从远方山峰飘飘然而来,是来讨茶吃的吧?白云不语,

茶韵

悠悠而去。

秋兴四章

一 采蘩

新采白蘩枝，盈盈朝露滋。

斜斜浸瓦缶，煎水啜茗汁。

山居绝世味，霜柿正堪食。

二 采薇

朝上白云岭，悠然顾采薇。

秋风蒹葭老，秋雨茱萸肥。

愿言山中老，日暮浩歌归。

三 焚香

焚香祛时疫，沐浴着茗服。

砂铫蛩吟细，云瓯花眼浮。

身心任零落，只此坐如如。

四 合掌

忽忽忘岁月，寂寂离言说。

瓦釜松风动，泥炉槐火活。

萧然唯净坐，合掌颂弥陀。

如济寄语：

友人来访，我尽山家本分招待。吃素食，饮清茶。朋友问我，天天吃这些没有营养的东西，不会影响健康吗？我笑道：你看看我现在的样子，像是营养不良吗？朋友道：一个人如果天天吃这些东西，总会觉得厌烦吧？我喝了一口茶汤，说：末法时期，众生垢重业深，能有饭吃,有茶饮,这可是多生累劫修来的福分,怎么会厌烦呢?朋友笑了笑,不再说什么。

过了会儿忍不住又问:你一个人住在这深山里,不觉得寂寞吗?我给朋友茶碗里添了些茶汤,说:你看看,早上起来要洒扫庭院,要拜佛,要烧火做饭;上午或者读书,或者诵经,半天时间就过去了。像我这样年龄的人,用完午斋,中午还要稍稍睡一会儿,起来后身子会觉得懒懒的,喝一碗茶汤才能添些精神。饮完茶已是下午时分。山上活很多,种菜、除草、修路,每天都有干不完的活。等到走出山坡,已是傍晚时分了。晚间的药食总是要有一些的,不然晚上坐禅或者拜佛会没有精神。你看看,一天有这么多的事情要做,只会担心时间不够,怎么会觉得寂寞呢?

听了我的一番话,朋友也笑了,说:原本以为山居清静无事,想不到也很忙啊。我也笑了,说:忙即不忙,所以才是清静无事嘛。

弦歌

趺坐南山上,茅亭张素琴。

茶烟迷远岫,归鸟认疏林。

不觉襟袖冷,弦歌自愔愔。

如济寄语:

说到弹琴,也是山居不可或缺的雅事之一。

山居置琴、抚琴、听琴,自然以简朴雅洁为主,不必如世间人那样,铺排讲究。春雨、夏月、秋夜、冬雪,都可以弹琴。漫漫寒夜里,抚得寥寥两三声,最为有味,最为得意。

山雨

唐代诗人白居易有《弹秋思》诗曰："信意闲弹秋思时，调清声直韵疏迟。近来渐喜无人听，琴格高低心自知。"琴声只是为了抒写弹琴人胸中的意趣，至于别人能否听懂，反倒在其次了。

王维《竹里馆》也提到了弹琴："独坐幽篁里，弹琴复长啸。深林人不知，明月来相照。"这首诗可与他的《鹿柴》合起来读："空山不见人，但闻人语响。返景入深林，复照青苔上。"空山无人，竹翠苔青，诗人独坐林中，弹琴吟啸，日暮方归，而山月清辉已经落满衣袖了。

前年将"南无阿弥陀佛"六字宏名谱入琴谱，现在习琴开指都用这支曲子，既练习了指法，也持诵了佛号，又能使听闻者种下佛号金刚种子，可谓一举三得。只此"阿弥陀佛"一曲，时时拂拭，刻刻精进，大概最有山居意味吧。

铁瓶

夜雨润炉烟，蒲团觉细寒。

铁瓶虾须水，建盏兔毫斑。

无由分滋味，且坐颂青莲。

如济寄语：

说起清秋雨夜煎茶，真是滋味无穷呵。

茶烟幽幽而起，那是初沸水的写意。或许因为雨雾的缘故，今夜的茶烟湿润而沉重，慢条斯理地氤氲在铁瓶盖纽上，久而未散。泥炉里炭火通红，时时传出噼啪的木炭爆裂声。是有清友来访吧？不过在这样的雨夜，山林萧疏，石径路滑，有谁会冒雨前来吃一碗茶汤呢？

蒲团独坐，夜雨增寒。三碗茶汤饮罢，周身通畅，正是禅坐时分。

宋人黄鲁直曾言：饮茶一人得神，二人得趣，三人得味。五人以上名为施茶。苏轼有诗句曰："饮非其人茶有语，闭门独啜心有愧。"今夜饮茶，雨雾潇潇，茗盏默对，深得滋味。既然没有人冒雨前来吃茶，那就寄一碗给远方知心友人吧，方不辜负这一场雨夜茶汤。

唐人韦应物《寄全椒山中道士》诗曰："今朝郡斋冷，忽念山中客。涧底束荆薪，归来煮白石。欲持一瓢酒，远慰风雨夕。落叶满空山，何处寻行迹？"

韦苏州寄全椒山道士以酒，如济寄远方清友以茶。所寄之物异，惺惺相惜之情大概相同吧？

茅屋外雨声如织，透来一片凉意。洗手钵旁传来一阵蟋蟀清亮的叫声，雨夜听来，别有韵味。

盏里茶汤已凉，有一缕沁人心脾的幽香。

拾薪

山居多暇日，静坐绝尘纷。

汲水缘清涧，拾薪过远岑。

世事惯疏懒，莲池莫退心。

如济寄语：

虽然已经立秋，天气依然炎热。午斋后小坐，冲瀹茶汤一碗，听蝉鸣，看竹影，啜苦茗，闲居以消暑热。

竹炉里线香袅袅，散发出浓郁深沉的味道。午后焚此一炷，最能清人心神。

山中雅集旧照

清晨汲取的山泉水盈满陶罐,足够一天烧水煎茶用。薪柴一垛,堆放在屋后柴棚里,能烧至秋后。山居生活就是这样,一些细微琐事必须料理停当,然后才能一心为道。

　　元·石屋清珙禅师《山居诗》曰:"厌烦劳役爱安闲,个样如何居得山。百丈以前岩穴士,生涯全在钁头边。"唐代百丈怀海禅师始订禅林清规,所以有"马祖建丛林,百丈立清规"的说法。之前禅僧或依律寺,或穴居岩处,自食其力,自得其乐。如今的人们只贪图安乐,水不会担,柴不会劈,火不会烧,地不会种,这样哪像山居的样子呢?

　　唉,说这些有什么用呢?世事维艰,人心维危。讲真话无一人爱听,说假话人人欢喜。真是个是非颠倒的世界呵。

　　如济如今老迈,疏于人情世故。日常山居,最喜清静无事。劳作之余,以烧水煎茶为功课,以参禅念佛为归趣。尘缘如梦,尘事如影,逝者如斯,可不勉哉!

山妻

　　终南余残雪,草木自屯萌。
　　煎水鱼鳞动,山妻眼角明。
　　人生长无事,两腋驭清风。

如济寄语:

　　这是2008年春写的一首小诗,清秋读来,别有滋味。

　　春天虽已来临,终南山积雪尚未融化,山洼树坳,雪硬如石,人行走在蜿蜒山道上,身上一阵阵寒冷。石隙间草尖已经迸出,柔弱而坚强。春天毕竟已经来到了。

打扫干净茅屋，供过佛，开始汲水生火煮茶。地炉里火光熊熊，映着山妻的笑脸，似乎整个茅棚也顿时温暖起来。

山居不易，一定要有足够的资粮。这是我经常说的一句"口头禅"。对于我们这些在家佛子而言，所谓"资粮"，除了足够的钱财物力外，家人的理解和支持尤为重要。

这十多年来我在山上修建茅棚，从购买山民旧房，到重新翻修，筑水坝，搭桥梁，修道路等等，背后都有妻的一份力量。

记得当年买下第一间旧瓦房时，和山民合同都签好了，我却没有准备好钱，给妻子打电话，她很快就让人把钱送了过来。

山上干活的工钱都是现付，有时候我带的钱不够，只要给妻电话，她都会及时送过来。这些年我的工资、奖金几乎都用在山上，妻也很少抱怨。我有时会安慰她说：钱财都是一定的，山上花了，其他地方就省下了。妻笑道：钱都已经花出去了，说这些有什么用？只是你如今已经离职，办事情不容易。退休金也只有一点点，应该学会省着花。再说年纪也大了，也该多为自己考虑一些，不要再这样在山里乱"折腾"了。

妻说的是实话。这两年，前来终南山住茅棚的人很多，有出家僧道，有在家居士，也有所谓的艺术家、流浪诗人，以及许许多多忽然冒出的茶人、琴人、书画家等，甚至一些演艺人员也加入到住山行列，以山石、茅屋为道具，有模有样地"扮演"起隐士来，很是热闹。对这些，妻很看不惯。我笑道：终南山这样广大，什么样的人、事、物都能包容，然后沉淀、淘汰，恢复其本来清静面目，你担心什么？妻也笑了，说：我什么也不担心，只要你不再继续在山里"折腾"，就阿弥陀佛了！

围炉

偷心暂已死，枯木不发芽。

岁岁春风至，娇娇林下花。

归去南山上，围炉自煮茶。

如济寄语：

今日天气晴好。午睡起，冲瀹茶汤一碗，啜之。

千利休曰："小草庵里的茶道，首先以佛法修行得道为第一。"

午后阳光亮丽，铺宣纸在竹林下，捉得竹影一幅以入茶汤，别有趣味。宋人杨万里有《闲居初夏午睡起》诗曰："梅子留酸软齿牙，芭蕉分绿与窗纱。日长睡起无情思，闲看儿童捉柳花。"如济今日捉竹影入画，与诚斋同一况味。

晚上收拾完庭院，已是入夜时分。该准备晚间茶事了。

炭火已炽，松风渐响。蒲团稳坐，涤器备茶。茶为老乌龙茶，水沸后投茶，煎煮约十分钟，即可出汤。汤色红艳，透枣花香，入口爽利，气息深长，于禅相宜。

今日花供为深红色朝颜一朵，黑盏白石，绿枝蔓披，饶有雅致。

利休曾言："插花、焚香、烧水、点茶，皆与佛教不相违背。"至哉斯言，茶道之事亦佛事也。

千宗旦亦曰："茶意即禅意。不知禅味，亦不知茶味也。"此皆茶道修习悟道之语，值得后人细细品味。

泉水自流／峨嵋电影频道

如济家风

　　一个茅草亭子，三间夯土瓦房。

　　折脚铛子煮水，破旧故纸糊窗。

　　青山一时放却，如济家风举扬。

如济寄语：

山居简易，茶事亦简易。

茶事即禅事，以简静为要。

如今世间人布置茶席，唯以繁复奢侈相夸，古器、名器、朽器、锈器乃至冥器，以及铁壶、铜炉、银铫等纷纷入席，败人清兴。

茶事至朴，禅事至简，真正要修习茶道，不可如上所为。

今日茶席，碗一口，铫一把，朝颜一朵。足矣。

所谓茶道，烧水煎茶而已，何必多器。子曰：君子不器，此之谓欤。

千竹庵煎茶

　　石桌石凳竹院风，四面蒲团两个僧。

　　一面留于老如济，一面留给紫阁峰。

　　活火清泉汤欲沸，泥壶小盏试新茗。

如济寄语：

清晨，竹院风清，青山隐约，早春的阳光倾洒在庭院里，清丽明亮。泥炉里炭火正炽，砂铫里松风渐响，该备茶了。

茶叶来自山南，新芽似玉，色翠如竹，未饮心先醉。

忽听得柴门外有人声，原来是山上茅棚的两个住山僧人过来了。于是赶紧迎了过去，打开柴门，迎客入内。住山僧道声讨扰，卸下行囊斗笠，在洗手钵里洗手清心，然后一起围坐在庭院石桌旁吃茶。

茶汤浅淡，能照见吃茶人清癯的脸颊。茶罢闲话，所说都是些山居琐事，什么劈柴啦，担水啦，新种青菜的长势啦，某块山地的肥瘦等等。听到这些山居闲谈，那些喜欢谈玄说妙的人一定有些不耐烦了吧？有什么办法呢，住山生活原本就是这样琐碎，伪装不了玄虚。

猛一抬头，发现迎春已经悄然开放了，金黄灿烂一大丛，伫立在茅屋旁山石上，神态自若。

是来听山居闲谈的吧？那就奉你一盏茶吃，你可是住山人的知音呢。

一阵山风吹过，吹落瓣瓣金黄。

蓬窗

  唐风汉韵漫沉吟，鲍老郭郎舞袖新。

  未向山林瘗诗骨，聊凭茗荈长精神。

  蓬窗净坐无一事，竹个萧疏二三帧。

如济寄语：

炉火渐炽，山泉水在陶罐里沉默了一个晚上，清洁甘冽。用竹勺将清水舀入砂铫里约七分满，坐到炭炉上，然后开始备茶。

今晨煎茶用山南绿茶，茶芽细嫩，色泽墨绿，干茶嗅起来有一股山林幽壑间的清雅气息，很适宜煎煮。

水近一沸时提砂铫倒入茶碗少许沸水；近二沸时将茶叶拨入铫中，看汤心微微翻滚，迅速将温水倒入，用以止沸；然后将砂铫端离炭炉，放到茶桌壶垫上，静待约半分钟，即可出汤品饮。

林中对弈／峨嵋电影频道

茶汤淡白，香气清幽，滋味隽永。一碗茶罢，茶息萦回，口舌生津，叹为稀有。

一只蝉在窗外鸣叫。清晨明亮的阳光将一枝翠竹影子映在纸窗上，娟秀清逸，恰如一幅水墨画。

茶汤清淡，茶室清凉，饮茶人的心里一片清净。

新禅茶诗偈四首

戊子秋有"禅茶诗偈四首"，流传很广。前些日子山居，空山无人，雨雾凄迷，又有一些新的悟入，遂吟成四首偈子，题名为"新禅茶诗偈四首"，以示与旧作的区别。

《大学》曰：苟日新，日日新，又日新。新之义大矣。《老子》曰：弊不新成。《诗经》曰：周虽旧邦，其命维新。可见维新的重要了。

禅宗临济祖师有诗曰："沿流不止问如何？真照无边说似他。离相离名人不禀，吹毛用了急须磨。"也是教导学人要在鼎革维新处用功的意思。

末法时期，无论参禅、念佛、修密，也无论宗门教下，总以修般若智慧为第一，此谓之人天眼目，又名金刚利剑，能破无明，断烦恼，鉴魔怪，照真如。故六祖慧能大师在《坛经》一开篇就说：总静心念摩诃般若波罗蜜多。《无量寿经》中举扬持名念佛法门时也说：发菩提心，一向专念。《大势至菩萨念佛圆通章》更言：都摄六根，净念相继，得三摩地，斯为第一。无非都是此意。

如济不慧，未能死心塌地念佛，说起来空怀惭愧。所以时时以诗偈相自省，相磨砺，以期忏除业障，自净其意，能在此生得个入处。

所言说皆自己一时之境界，非徒为增口角之滑利也。

啰唆以上，是为序。

一

从来此事费疑猜，东渡达摩眼半开。

武帝情深迷自性，神光念切彻心怀。

五宗七派严相待，雨过黄梅行者来。

二

此事从来费考量，松毛短兮云脚长。

灵云去后桃花落，百丈喝时尘点扬。

总是一场闲鼓角，煎茶吃了坐绳床。

三

从来此事闹纷纷，满目江湖行脚人。

长庆七年未离坐，永嘉一宿证本真。

赵州住后无闲事，粥细茶香庭院深。

四

此事从来未易知，搬柴运水意迟迟。

赵州庭下松拳竖，普愿堂前猫眼眯。

一盏茶汤才吃了，个中滋味更莫疑。

如济寄语：

大概古来大德都会吟诗作赋，不像我们现代人，最多说几个段子，而且大多都是有色的，让人绝倒。宋代的大慧宗杲禅师，临终时侍者请偈，禅师提笔写道：生也恁么，死也恁么。有偈无偈，是什么热大！写罢，掷笔而逝。这里所谓的"偈"即临终时写的偈

松风

颂，也称辞世偈，一般都是四句。但凡有些名望的禅师临终都会留下辞世偈，无一例外。大慧宗杲禅师当时名气很大，所以侍者才会请偈。

古语云：诗言志。诗歌是诗人心志的吐露，自《诗经》三百篇到楚辞汉赋，直到唐诗宋词，莫不如此。而历代祖师大德所作的诗歌尤其值得仔细研读。

宋代永明延寿禅师有山居诗六十九首，都是七言律诗，不但对仗工稳，词义新颖，而且其中蕴含的佛理禅机尤其引人入胜。譬如开卷第一首写道："此事从来已绝疑，安然乐道合希夷。依山偶得还源旨，拂石闲题出格诗。水待冻开成细溜，薪从霜后拾枯枝。因兹永断攀缘意，誓与青松作老期。"最喜颔联"依山偶得还源旨，拂石闲题出格诗"两句，立意新颖，禅味浓郁，绝非尘世间读书人所可吟诵出，值得我们仔细读诵。

这几年，前来终南山住茅棚隐修者很多，坐禅劳作之余，大概也吟诵了不少诗偈吧？或者遗落在溪涧边，或者附着在山石间，或者题写在松针竹叶上，难得一见。真想让山上白云将这些诗偈捎来人间，以供有缘人读诵。

今天端午，进山带了两款茶：山南绿茶和采于观音圣诞日的野生普洱茶。这样的茶当然要供养过佛菩萨后才能自己饮用，所以端午节开封，应该最为合适。

汲引

汲引秋风坐小斋，泥炉砂铫旧情怀。

煎成鱼目连珠沸，泼就莲心次第开。

三瓯阅尽闲滋味，辜负石头一橛柴。

如济寄语：

傍晚时下起小雨，雨雾迷离，远山近岭笼罩在沉沉雨雾里，阴郁昏暗。我从厨房拿出三只干净水盆，放到庭院当中草地上，以接雨水。

古人煎茶，最注重取水，以天落水为第一。天落水即雨水，雨水又以秋雨最佳。明人屠隆《茶说·择水》说："天泉，秋水为上，梅水次之。秋水白而洌，梅水白而甘。甘则茶味稍夺，洌则茶味独全，故秋水较差胜之。"屠赤水此语最为有味，也最得煎茶三昧。当今社会环境污染很严重，城镇间雨水不可饮用。山林间虽然也受到污染，但相对要清净许多，雨水、雪水时时可以取用。不接雨头，不收雨尾，只取中间一节，最为清雅洁净。午后用这样的雨水煎茶，想来一定清洌无比吧。

《百年虚云》观后

百年岁月弹指空，举目青山一衰翁。

母爱父慈都割舍，红妆翠袖莫迎逢。

狮子茅棚盘腿坐，半窗松影半帘风。

如济寄语：

采薇采薇，薇亦作止。曰归曰归，岁亦莫止。

这是《诗经·采薇》里的句子。不知为何，每每吟诵此章，都会想起终南山狮子茅棚，想起曾经在那里过冬的虚云老和尚。

那一年冬天似乎特别漫长，终南山崎岖山道上，来了一位清癯的修道人——时年六十二岁的虚云和尚。他背着一小袋口粮，拄着一根

秋山打柿子

拐棍，一个人来到终南山狮子茅棚。

雪越下越大，虚云和尚烧红了石灶，支起一口铁釜，准备煮山芋充饥。柴门外寒风呼啸，雪大如席。他跏趺而坐，等待芋熟。

新年到了，山下传来阵阵鞭炮的声音。邻近茅棚的几位出家人前来贺岁，看到狮子茅棚前满是虎狼之迹，以为里面的虚云和尚遭了难。推开柴门，发现老和尚已经入定，用引磬开静后，老和尚很客气，说：大家一起坐下来吃山芋，我上坐时煮的，估计已经熟了。打开锅盖，发现铁釜中芋头霉厚寸许，坚如冰石。原来他入定已经二十多天了。

时光流逝，山上茅棚依旧。那面目清癯的修道者已然远去，留给后人的，只是漫山大雪和一袭圆领袈裟。

采薇采薇，薇亦柔止。曰归曰归，心亦忧止。

那一年冬天，我端坐南山亭上，等待冬天的第一场雪。大雪过后的来年春天，提着竹篮，好去山间采薇。

雨夜煎茶寄远

秋雨寥萧重掩关，炉香一炷破孤寒。

茶汤熟后须止静，越碗分来且从宽。

三饮应知个中味，微甘小苦只清欢。

如济寄语：

傍晚时下起小雨，雨雾迷离。竹梢斜倚，群峰稽首，庭院间步石、草径立刻变得湿润起来，新筑的茶庭枯山水也顿然有了生机。暑热尽除，蚊蚋藏匿，真是一场及时雨呵。

晚间茶室独坐，一灯荧然。烧水壶里松风渐响，桧雨初生，该备茶了。

窗外雨声潇潇，室里茶香弥漫。泥炉火旺，砂铫汤沸，我端坐在茶室里，煎茶独饮。三碗茶毕，起身走出茅屋。雨雾迷离，远山近岭笼罩在沉沉雨雾里，看不清本来面目。

我们的本来面目又有谁能看清楚呢？我们整日沉溺在尘世间的欢乐和痛苦里，忘记了古圣先贤的教诲，忘记了年轻时的抱负，忘记了季节轮回，也忘记了一碗茶汤的真实滋味，临镜自照，不知何时，我们的面目变得平庸而可憎，眉宇间多了几分世故和无奈。这就是我们的本来面目么？

虫声透窗而入，带来一片清净。泥炉里火光明亮，映着我洁净的衣衫。茶汤已凉，倒映在茶汤里的，是我清癯的面孔和两鬓苍苍。

无题二章

一

庞蕴笊篱从谂禅，古今情事尽灼然。

骑牛过水觅头角，执帚除尘消业缘。

雁阵霜天红叶漫，一声嘹唳度群山。

二

林下相逢羞论禅，且将青眼看青山。

茶汤七水香仍在，佛号千声腔未圆。

秋阳暖照闲庭院，放任黄花仔细参。

如济寄语：

饮茶是件清雅的事情，需要我们静下心来，暂时忘记尘世间的一切，将身心收束在眼前这一碗茶汤里。这才是饮茶之心，这样才能品饮出一碗茶汤的真实滋味。

不知从什么时候开始，饮茶也变得奢侈起来了。现在有些茶叶的价格已经高得惊人，听说有卖十几万元一斤的。前两年人们疯炒普洱茶，理由是"越陈越香"，于是铺天盖地都是黑糊糊的普洱茶。现在有些人家里还存放着五六代人也喝不完的普洱茶砖呢。现在茶器也开始涨价了，特别是紫砂壶，听说有的已经拍卖出了天价！那只是一把泡茶用的紫砂壶而已！

这一切都是人心浮躁所造成的恶果，归根结底是贪欲心在起作用。所以今天说到饮茶，其实已经没有什么让人特别留恋的味道了。

"茶道的根本在于清心，这也是禅宗的根本。"珠光禅师如是说。

清净心就是直心，就是初心。既然这个世界已再不清静，那就回到山林里去吧，采野蒿，汲清泉，虽然滋味稍稍苦淡，却是真实的滋味。比起尘世间的浊重滋味，我甘愿饮一盏清水！

秋已暮，我凭几而坐。泥炉上茶汤已熟，我端起茶碗，细细品啜，让茶香温暖清贫而淡泊的情怀！

山居偈子二章

一

一念终南梦里山，青霜红叶竞层岩。

搬柴运水夸神用，铺地盖天参祖禅。

夜半蒲团依依坐，茶汤啜罢韵味宽。

二

年来形迹半依山，读坐独行还独眠。

虚利浮名皆放却，薄粥小菜亦堪餐。

却笑赵州老从谂，庭前柏树教人参。

如济寄语：

止栖林下的行者

韩国已故法顶禅师曾经说：大自然是现代文明唯一的解毒剂。现代文明不但污染了我们的生存环境，也污染了我们的精神家园。

我们太注重金钱、太注重眼前利益、太注重物质享受了。这些都是内心贪欲的体现。

现代人易患的烦躁、抑郁、颓废等病症都源于物质太过丰厚。而在中国人群中普遍流行的高血压、高血脂、高血糖等"富贵病"，则是过多攫取物质营养的结果。

唯有过清贫日子，才能治愈人心贪欲。

我们来到这个世界上，一定要守本分，一定要勤劳，这是我们应有的人生态度，也是过清贫生活的基础。

清贫生活的实质是快乐和富足。快乐富足不是指物质拥有，而是指我们的内心。

只有内心富足快乐，才能守本分，才能知足常乐。

残年（唱和四章）

江山无恙讶残年，炉火茶汤况味闲。

巢父牵犊践泥去，叔齐携筥采薇还。

岁暮莫吟王孙赋，砭骨摧心欲雪天。

如济寄语：

落雪了。

我掀起厚厚的门帘，一股凛冽寒风挟着片片鹅毛大的雪花，扑面而来，呛得人直打喷嚏。庭院山石上覆了一层薄雪，竹叶间雪糁斑斑，让人想起北宋画家范宽的《雪景寒林图》，清冷中平添了几许诗情画意。

茅屋里温暖祥和，地炉里火光熊熊，坐在铁架上的烧水壶已近初沸，水沫涌出，发出"滋滋"声响。

"昔我往矣，杨柳依依。今我来思，雨雪霏霏。"这是《诗经·小雅·采薇》里的诗句，此时读诵，更觉意味无穷。"王孙游兮不归，春草生兮萋萋。"这是《楚辞·招隐士》里的词句，茶罢慢吟，惹人忧思。

岁已暮，雪纷纷。忆王孙，归未归？

附录：

恒章兄和诗

燕山无雪枉冬年，精舍有茶日夜闲。

老子骑牛秦岭去，百家持管砚田还。

喜弹古曲比兴赋，亦学禅歌问九天。

如济复和

无梅无雪过小年，诗偈情怀未肯闲。

衲子寻声蓦直去，幽人息虑拾薪还。

且喜京华布衣客，敲金琢玉暮云天。

恒章兄复和之

古城老巷度平年，千竹庵中春意闲。

不问名头吃茶去，认清家路好回还。

终南山上水云赋，四季檀香浸海天。

云笈历代终南山居诗

梁鸿诗一首

五噫歌

陟彼北芒兮,噫!

顾瞻帝京兮,噫!

宫阙崔嵬兮,噫!

民之劬劳兮,噫!

辽辽未央兮,噫!

梁鸿,字伯鸾,右扶风平陵县(今陕西省咸阳市)人,出生年月不详。梁鸿家贫博学,曾放猪于上林苑中,后与妻子隐居霸陵山,以耕织为业。梁鸿因事路过洛阳,见宫室富丽,于是写下《五噫歌》,抨击统治者的奢侈,感叹人民的劳苦。汉章帝读了《五噫歌》后,非常不满,梁鸿只得改名换姓,避居齐鲁。后来梁鸿前往吴地,居于廊下,替人舂米。每当梁鸿回到家中,其妻就会奉上饭食,表示敬爱,夫妻举案齐眉被后世传为佳话。迁居吴地后不久,鸿病逝。梁鸿的代表作有《五噫歌》《适吴诗》《思友诗》等。

终南山果宣法师诗一首

进终南

日进终南夜宿山,静闻松涛枕石眠。

风语青石鸣不住,酌茶一盏静观禅。

净花毋需清泉洗,直掇一身不知寒。

若得菩提证本心,一僧一石一蒲团。

作者简介:果宣法师,终南山观音禅寺住持。

终南山智空禅师诗一首

无名歌

壬辰年二月二日作于终南山嘉午台护国寺

我是山中客,常与白云伴。找个栖身处,茅庵山尖建。

吃水天上取,烧柴悬崖砍。山路九重叠,云梯通遥天。

龙背神仙场,嘉午别洞天。五华观音洞,龙口忆思天。

雪瓦尊者坐,常观一线天。分水山神庙,云梯龙塔连。

欲出轮回苦,须到地藏庵。护国与兴教,皆在一念间。

日头与月亮,山僧做灯点。钵中无别物,咸菜煮白饭。

土炕与衲袄,六时常相伴。诸佛与菩萨,常在莲台显。

柏子火中烧,清炉一瓣烟。袅袅升天去,供养诸圣贤。

春夏与秋冬,四时景色变。本是过路客,无心多留恋。

吃茶随客去,睡觉倒头眠。砍柴与做饭,功课早晚间。

无心待俗客,有意出禅观,客来常无语,问道一指禅。

山门常挂锁,来客口头禅。欲问寺中僧,云游在世间。

穿个破衲袄,随处去挂单。冷门看云客,是个光秃汉。

人情有冷暖,古道长安闲。柴门看云月,思耕心上田。

但愿无一物,方到曹溪畔。常与六祖坐,相对皆无言。

会得释迦意,笑破拈花禅。本来无别事,多此一道关。

但观愚昧客,整日不能闲。身心是幻境,有意心外边。

但到无心处,犹隔一重关。放到无放处,自识娘生面。

本来无多事,都怪释迦汉。石女能煮茶,泥牛也耕田。

无上田园景,画师梦幻间。纵会浓妆抹,不会老僧禅。

作者简介:智空禅师,隐居终南山嘉午台。

高士行迹

高鹤年的行囊

图文/高鹤年

高鹤年居士,名恒松,字鹤年,号云溪。泰州兴化人氏。生于清同治十一年(1872年),卒于1962年。

一百年前的高鹤年居士穿草鞋、披蓑衣,冒寒暑、忍饥渴,北走幽燕,南下滇黔,一钵千家饭,孤身万里行。他的行脚生涯中,在终南山住了一段长久的时光。光绪二十七年(1901年)他曾到终南,至民国3年(1914年)5月,他到五台山参访,7月离五台赴陕西,8月入长安,9月初再入终南山住拴龙茅棚,这一次在山中一住长达三年之久。终南山气候严寒,九月底即大雪封山,银白一片,玉树冰花,修行人蒲团暖坐,静观雪岭山川,也另有一番禅趣。高鹤年对终南茅棚的感情非常深厚,因此他在《名山游访记》的序言中自称"终南侍者"。

太乙禅音

光绪廿五年己亥七月初二日，由终南深处，道出南五台大茅棚，内住得定道坚诸师。初三日，随涧而行，往各茅棚参访。湘子洞来性师，事理清彻；老虎窝明性师，觉性颇明；锁龙场妙慧师，有上上智，无了了心。仍回大茅棚。初四日，觉师同上太乙峰。登峰远眺，渭水晴光，一望无际，终南佳气，尽入楼台。终南高大深广，峻极于天，青霭吐吞，白云变幻。故王维《终南山》诗云：太乙近天都，连山到海隅。白云回望合，青霭入看无。不诬也。询觉师：此地佛法如何？答：叠叠南山峻，滔滔渭水深。问见么？良久云：半句当峰诸缘息，触目无非露真宗。师语滴滴归源，令人意解心开。下坡里许，四天门，二里卧佛殿，丈六金身释迦文佛涅槃像，并诸大弟子围绕像。时雨过地湿，足跟不稳，一滑落空，觉师赶来扶起。口占云：落空滚到非空处，触目相逢主人翁。休息半时，勉强再行。六里普光寺，在太乙峰麓。太乙峰者，终南之别名，为洞天之最胜；东接骊山、太华，西连太白至于陇山，北去长安八十里，南入楚塞，连属东西诸山周回数千里，名为福地，沿山庵、宫、寺、院重叠。唐时极盛，俗呼唐皇庙。谚云：长安三千金世界，终南百万玉楼台。今则失修湮没矣。三里出口，西有子午峪、斜谷，曹操道出汉中地也。五里刘村，廿里牛首寺，即少陵原山脉，至此已尽，如牛头相似，故名，形势开展，气候温和。有杜工部祠，贞元十一年建。寺内有古幢古碑，前有

一发乾坤际　而今乏道场
安心能打坐　无处不西方

四季柏，四时皆花，尤称奇绝……

嘉午台经冬

光绪二十九年癸卯八月十二日。由长安经王莽村刘秀村，八十里，至北道屿（白道峪），即终南山麓。上山十五里，破山石护国寺，俗呼嘉午台。终南者，从京南连接葱岭万余里，俗云：万里终南，八百里秦岭。《西域记》云：终南山相属数千里未尝间断，其山为天下之祖。出异类之物，不可胜数。昔百工之所取给，万民之所仰足也。其北为秦、为雍，其南为蜀、为梁。上逼诸天，觉红日之近；下睹渭水，绕长安之城。是时本昌上人有茅棚，假与余住，名小梯，昔慈本上人休息处。山势壁削，上摩穹霄，下临绝涧。耳不闻鸡犬之声，目不睹尘俗之境。独居茅棚，清净异常。中秋节，余邀茅棚诸师及行脚僧四五十众，普佛利孤，设上堂斋供佛及僧施食等事。仍回茅棚。将至门首，沿山一望，月朗如昼。修师云世月即性月，性月非世月。世月有明暗，性月无圆缺。道师别云同不同，别不别。开了茅棚去打睡。余因于此山之后谷，结茅二处，定名曰维摩、曰文殊。维摩茅棚将成，供养慈筏、觉苦二师居住，余仍假小梯茅棚独住过冬。是时各茅棚有道士四五十人，其中学禅者多聚集破山寺，专学参禅。余又邀诸师起七经冬，推道明、修元、复成为首座，志纯、化祥为西堂，慈筏、妙谛为后堂，易全、定慧为堂主，当家为主席，修元上人兼维那。余负担经冬供养，并充当内外护七。当值行堂、茶头、饭头、菜头、库头一切杂务等事，均以一身兼之，另雇一人烧火担水。光景较南方金山、高旻等处更佳，其规模尤美，并助新棉被十条，供养诸师。接连七七四十九日，并留诸上善人度岁。烦劳太过，兼受风寒，遂回茅棚独住休息。

光阴迅速，不觉度年。道明、修元二师，履雪来看余病。曰凡人病苦生死到来作不得主者，无他，盖为看作生死病苦故也。殊不知生死病苦，即当人本地风光，本非他物。维摩曰众生有病吾乃有病。真偈曰：老僧自有安闲法，八苦交煎总不妨。言次，忽闻山下隐隐炮声。道师云：何处放炮。修师答：民家过年。真所谓山中无甲子，寒尽不知年……

高鹤年《名山游访记》诗偈

癸丑仲春1903年（即光绪二十九年，癸卯），高鹤年居士再朝五台，并往终南结茅潜修。在山路松树边摄像一帧。高居士右手提着笠帽，帽子上书有大大的"惭愧"两个字。

题偈

踏遍溪山问所图，探玄择要是何如。

长安大道当归去，惭愧而今尚半途。

癸丑仲春

历遍名山访至人，飘飘云中不沾尘。

芒鞋踏破天边月，竹林拖向海上春。

鹤年自警

抖搂精神学坐禅,隆冬树下一蒲团。

惭愧此心如不了,廿年空费草鞋钱。

无题

百重云水万重烟,随地安身到处眠。

漫说有家归未得,双舒白眼望青天。

虚云的禅衲

文/《问道》编辑部 杨丹

虚云禅师，俗姓萧，生于1840年，圆寂于1959年，是中国近代禅宗的代表人物。他一身兼祧禅宗五家法脉，是中国近现代著名的得道高僧。他于鼓山接传曹洞宗，兼嗣临济宗，中兴云门宗，扶持法眼宗，延续沩仰宗。他解行相应，宗说兼通，定慧圆通，为后人所敬仰。

虚云禅师

虚云禅师一出生便异于常人，据史料记载，"父母年逾四十，忧无后。母赴城外观音寺祈子，见寺宇残破，及东关桥梁失修，发愿兴建。父母同梦一长须著青袍者，顶观音跨虎而来，跃卧榻上。惊起互告，遂有娠"。

虚云出生时是一个肉团，母亲大骇，气壅而死。十三岁时，虚云随父亲扶灵柩回乡安葬，做佛事时得见三宝，遂生欢喜心。十九岁，他决志脱离尘俗，去往福州鼓山涌泉寺削发出家。后依鼓山的妙莲和尚而受戒，名古岩，又名演彻，字德清，此时还不叫虚云。二十七岁时，他已在鼓山任职满四年，想到当年玄奘为去西天取经，日行百里，却少食。于是开始尝试绝食，他回到岩洞中苦修，渴了喝山涧水，饿了以松毛草叶充饥，不食人间烟火，幕天席地，无碍自在。三十一岁时，虚云在天台华顶龙泉庵得见融镜老法师，法师说：你这样岩栖谷饮，衣衫褴褛，枉费了十年工夫，即便是寿命万年，也不过是个自了汉而已，成不了正果。从此后，虚云便拜于融镜老法师门下。

四十三岁时，禅师自觉出家二十余年，对父母未尽孝心，道业未成。他说：母为生我而死，父仅得我一子，我竟背父而逃，父因我而辞官，而促寿。昊天罔极，耿耿数十年矣。特此发愿朝山，求菩萨加被，愿我父母脱苦，早生净土，任百难当前，非到圣境，死亦不敢退愿也。便决定由普陀起香，三步一拜，直拜到五台山。于是年七月初一日始，到三年后的六月十五日止，费时三年。关于这番心路历程，他曾自述道：此三年中，除为疾病所困，风雪所阻不能拜香外，一心正念。礼拜途中，历尽艰难，心生欢喜，每每藉境验心，愈辛苦处，愈觉心安。因此才悟古人所谓"消得一分习气，便得一分光明；忍得十分烦恼，便证十分菩提"之语不虚也。记得途经显通寺一老僧说，文殊菩萨化身也。

光绪十年，七月初十日。禅师四十五岁时，拜谢文殊菩萨后，由华严岭向北行，朝拜北岳恒山，渡黄河，越潼关，进入陕西境。从华阴走，再登太华山，礼西岳华山庙。在老君犁沟居留八天。再至陕境西南香山观音寺。然后入甘肃境，到崆峒山。一年岁暮，回到香山过年。

次年春天，禅师离开香山，再入陕西境。先到咸阳，再到长安。在城外，礼慈恩寺内大雁塔，此处有唐代以来各种名碑七百多种。城东是灞桥，有七十二孔，是桥亭折柳、阳关三叠处。禅师此后再到华严寺礼杜顺和尚塔，牛头寺、兴国寺礼玄奘法师塔。到终南山东五台、响鼓坡、宝藏寺、白水浪，这里曾有两圣僧隐居过。再后又到嘉午台银洞子五祖窑。

在终南山南五台，禅师见到了觉朗、冶开、法忍、体安、法性等上人，并在这里结茅庵同住。法忍住老虎窝，冶开居舍龙椿，法性住湘子洞，禅师与觉朗、体安同住大茅棚。

三月初一日早殿后，禅师忽见群星乱飞，天帚星出现，很久才消失，不知有何种预兆。

直至光绪十三年，禅师都住在南五台茅棚，与诸师共同参究佛理，获得很多收益。这是禅师第一次到终南山禅修。

禅师第二次到终南隐修，是光绪二十六年，禅师六十一岁时，此时他已在江浙住了十年，又思远游。他计划再次朝拜南五台，然后入

虚云禅师与弟子合影

终南修隐，于是离开赤山，先到镇江扬州，朝云台山，再入山东朝东岳泰山，东趋牢山，访那罗延窟，转而到曲阜，礼孔庙、孔陵。

五月，禅师驾驻西安。彼时他已是名声在外，终日被尘俗事物烦扰，于是偷偷离去。十月，禅师止步终南山结茅，寻觅到嘉午台后的狮子岩，地幽僻静。为杜绝外来搅扰，禅师改名号"虚云"。从此以后，山中少水，便饮积雪，山中少食，便自种野菜充饥。此时山中有本昌师住在破石山，妙莲师住在关帝庙，道明师住在五华洞，妙圆师住在老茅棚，修圆师、青山师住在后山。青山师也是湘人，山中人多尊仰他，因与虚云禅师住处较近，相互间多有来往。翌年八月，复成、月霞、了尘三师也到此处，见到虚云禅师后诧异相询："几年不知你消息，谁知你睡在这里。"禅师笑道："这里且置，如何是那里。"

冬至到了，禅师与青山老人见面后，赶上山中下大雪。上山到新茅棚，当下到石壁悬崖间时，不小心坠落在雪窟中，禅师大声呼叫，附近茅棚师父全部出动相救。次年春夏间，禅师仍住山中茅棚内。赤山法老人抵达陕西，结庵于翠微山，同行有六十多人，一半住皇裕寺，一半住新庵。

又一年将尽，万山积雪，严寒彻骨。禅师独居茅棚中，身心清净。一天煮芋于釜中，结跏趺坐等待芋头熟，不觉入定而去。入定不知多久，山中邻居茅棚复成师等人，惊讶于久久未见禅师，便往茅棚贺年。见棚外虎迹遍地，却无人足迹，俱惊禅师之性命安危。及入茅棚内，见禅师仍在定中，于是以磬开静，问禅师："吃饭了吗？"禅师说："还没有，正在煮芋头，估计已经熟了。"打开锅盖，芋头早已发霉，且坚如冰石。复成师惊叹："你这一入定已经半个月啦。"众人遂烹雪煮芋饱餐而去。复成师去后不多久，远近僧俗都去探访禅师，禅师厌于酬答，于是再次宵遁。一肩行李，又向万里无寸草处隐去。

虚云禅师一百一十九岁时还在重建祖师道场，一生重建大小寺院八十余刹，皆是自筹谋划营造。1959年9月12日，禅师已一百二十岁，有一天唤侍者一起进来，举目遍视，过了一会说：我近十年来，含辛茹苦，日在危疑震撼中。我只想为国内保存佛祖道场，为寺院守祖德清规，为一般出家人保存此一领大衣。你各人今日都是我入室弟子，我只有一字留给你们，"戒"。说完，合掌，道珍重。次日，禅师右胁作吉祥卧，在云居茅棚内圆寂。荼毗之后，得五色舍利子百余粒。

来果的奇幻终南

来果老和尚，中国近代禅宗大德，与虚云和尚同为佛门龙象。来老生有异慧，乘愿再来，渠生于光绪七年（公元1881年）农历七月二日寅时，婴儿时，即已道风惚恍，道行坚决，至二十四岁，流落浙江普陀山三圣堂自剃出家，后流落宝华，浪迹终南，参访普陀，驻足金山，终为一代高德。清末宣统末年，他在扬州高旻寺住了一段时间后，决意到终南山结茅潜修。

虚云禅师与居士合影

终南山行迹一　降蟒

住终南山韩湘洞时，洞内另有一门，约三尺高，用维摩龛遮挡。据云：此洞有数十里之深，唐朝时，避难男女二千余人，隐匿洞中，尚不见人多之象，洞之大，可想而知。我一日静坐于龛仙，觉背后有冷风飒飒，置之不顾，偶微睁眼，见三尺余高之黑色肉团蠕动，亦不以为意，心静身安，了无畏惧。及再开眼一望，始知是蟒，蟒身渐渐出外，盘在石场上，约七八圈，中盘两层，约六七尺高，头向东南望。我自念云："孤身一人，怕也无益。"随即下龛，欲出不得，因蟒身塞门，两边无多余空隙，乃奋起一跳，跃过蟒身，坐于石台之上。蟒眼不时开闭，眼闭时，眼皮如瓢大，我大胆对蟒说："你我同住一处，必须护我，万不可破我道念，我当为你皈依。"彼即将眼一翻，一对大乌珠如脸盆大，旋复闭目，似愿受皈依者。我即下来，以手按蟒头，为说皈依。说毕，大雨倾盆，我即归洞静坐，蟒亦随余进洞。及后，不知蟒之着落如何。不多时，天晴云散，对面山腰黄土崩堕，现出低洼约四亩地面。后闻此处曾直龙，大概蟒出送龙耳。后闻人言，此蟒六十年出现一次云。

终南山行迹二　伏妖

湘子洞有妖，有时佛灯明而复暗，有时水井竭而复流，有时外面闻人讲话，有时半夜闻人喊门。一日，余出外拾柴归，见一穿红裤青年女子，坐洞门口，拒不肯走，我云："汝究竟是人是妖？"她说是人,请给饭吃之即去。我不允,复往洞内坐我炕上。问她哪里人,说是后山人。问有丈夫否,云无。问其年,云二十余岁。更问其为何在我这里要饭,同云与我有缘。余曰:"汝既与我有缘,必信我语。"彼云:"信。"余请其跪于佛前,受三皈依。受毕即去。不多时,我往大茅棚有事,遇台沟人互相闲谈,我问云:"汝处可有青年女子要饭么?"齐答:"敝处并无青年女子,向有五六十岁老妪,假朝山为名,立门前要饭则有之。"我更疑此女子不是好人。过数日,龛中坐至半夜,欲睡一觉,将至土炕眠下,两脚伸去有两脚板触住我脚,我用脚抵触,觉脚板大而冷,往返三四次,我即用干柴一块,举起摔去,云:"任你什么妖怪,总教你不能拢身。好大的胆子。"如是一击,以后即太平无事。

终南山行迹三　遇异人

终南山最高之处名曰葱岭,此脉由大葱岭而来,至此约万里,故称万里终南。此葱岭正对湘子洞,我常自思维,高山之顶必有高人,拟欲一往参观。正九月间,备干粮一口袋,蒲团方便铲各一,即日起程,全在荆棘树林中经过,硬往上爬,将至半山,有小石头;因自山下至此不见一石,忽见小石,欣然快慰,坐下休歇。坐片刻,复往上奔爬,奇险万端,山之三成,已上二成,遥见一蓬头灰袍老僧,默坐石上,乃急奔近前,对之轻轻坐下,合掌请教曰:"你老菩萨常住哪里?"彼云:"后山。""多大年纪?"答云:"记不清楚。"又问:"到山几时?"彼答云:"唐朝。"我一听唐朝二字,下文不敢再问，闷坐思维，难道唐朝还有人在世么？又疑莫是非人么？心颤抖着，起身就走，及一转身，回头再望，不见老僧形影，心慌意乱，不欲再上。继思功亏一篑，亦殊可惜，乃强作主宰，埋头上奔。次日到顶，见四面平正，约四亩地宽，上有铁亭一座，铁瓦坠地者小半，中有一道士坐脱，不知已阅几时，面貌如生，头发成黄棕色，身穿蓝褂已朽烂，其他不见一物。盘桓两日，第三日下山，至晚归洞，干粮将完，是又见过一异景也。

圆照的心

文字选编自《圆照法师略传与开示》

当代高僧、比丘尼圆照法师,于普陀山智修法师座下披剃出家。名衍法,号圆照。得戒于浙江天童寺圆瑛法师,从北京广济寺现明法师处接法,依止倓虚法师学习经教。后赴四川康定贡嘎山,受贡嘎活佛灌顶,密宗法名嘎玛。

法师常自谦"一生以学习为正修",主讲《法华经》。其他经典应信众启请而说,被称为"临时佛学院"。以戒定慧为常课,净土为归,兼修藏传密乘"大手印",在七十多年的出家生涯中,德高望重,深受四众弟子爱戴。

1993年农历四月二十三日,圆照法师安详示寂于终南山,世寿九十二岁,僧腊七十六载,戒腊六十四夏。荼毗后得六彩骨花舍利无数,心脏焚而不化,形成巨大的坚固子,并现"圆觉"二字。

庄严护持国宝

圆照法师曾先后朝拜南海观世音菩萨、峨眉山普贤菩萨、九华山地藏王菩萨、五台山文殊师利菩萨；绕道峨眉山走川北，经甘肃，然后到青海。1953年春，遵照中国佛协的安排，法师不远千里，从四川康定贡嘎山徒步来到陕西户县草堂寺任住持。法师团结寺内僧俗，修复了寺院残存设施，将寺庙修葺一新，并与海外弟子广泛联系，得到了印度宗教界的回报，印度方面将宝物八宝玉石塔赠送给草堂寺，成为草堂寺镇寺之宝。

"文化大革命"的狂烈风暴迎面袭来时，法师及早将宝物隐藏到别处。一天，有伙人在寺内狂打乱砸，扬言要搜出八宝玉石塔，焚烧《大藏经》。原来方丈院里藏经楼有一部《大藏经》，计七千一百八十六卷。造反派们大声嚷嚷，法师怒目圆瞪，寒光逼人，手指前方，浑身颤抖。造反派一行十多人见此神情，无奈扫兴而去。法师则盘腿打坐方丈楼护持，一坐就是七天七夜，滴水未进。第八天深夜，万籁俱寂时，法师在弟子的搀扶下，悄悄登上寺内的藏经楼，取出数件宝物，命众弟子们连夜将这些宝物火速搬运到离寺院几十里处秦岭山间的一个大石洞里。

年复一年，十余载，风里来雨里去，圆照法师率领着众弟子，亲自来往于寺庙和山洞之间，与四众弟子轮流守护，保护着这些国宝。动乱结束后，法师将这些国宝完好无损地上交给国家文物部门，自己则离开草堂寺，只身上观音山苦修去了。

观音山位于陕西长安县终南山境内,隋唐以来即成为皇戚贵胄、文人墨客进山云游、求佛祷告、修身养性的绝佳妙地。唐太宗李世民的行宫就曾建在山上,名曰鹤场。1980年5月,法师上山后选择鹤场为其修行之地。不久法师又被推举担任法华寺住持,在此弘法修行,一住就是十三载。

关门弟子才文跟随圆照法师十多年,她亲眼目睹和经历了一件件山中的奇迹。有一次,才文同圆照徒步走在观音山西净池的山路上,遇到了一群松鼠。几只松鼠从树上衔来果子往下扔,迎着她们直叫。才文立即撑起袍子接,松鼠连果带叶往下扔。它们找的果子都是最好吃的,看圆照她们吃着果子,松鼠在树上一个劲儿地欢叫。

"我把心留给你们"

1993年农历四月二十三,法师已经辟谷四十九天,一弟子请问老法师:"师父,您说四十九天圆寂,今天就是第四十九天,您几时走?"法师的表情突然十分兴奋、激动。晚九点多钟,法师对前来探视的四众弟子最后讲了一段《妙法莲华经》之后说道:"我将心留给众生,请将我的遗骨安埋在东佛沟内。我的真实岁数今年已是一百零三岁了。"说毕,便再无声息。众人看时,已阖眼闭目,盘腿打坐,悄然圆寂。

传说,四天之后,众弟子按照佛教教规,在寺内一大青石板上架起木樵,将法师法体焚化。当荒凉的山坡上冉冉的白烟升起之际,东方的天空出现了观世音菩萨坐于龙背,旁侍龙女的云彩。起初,焚化的白烟，像从高处俯冲下来的白莲，飞升向上，直接云天。

　　大火烧了整整一天一夜，法师遗体俱已成灰，唯有牙齿等晶莹如玉，完好无损，形成舍利子，心脏部分也形成舍利子。另有一百多颗大小不一、形状各异的舍利子和舍利花。舍利花颜色雪白，在海绵状的空隙内，镶嵌着米粒大小呈红、黄、蓝、褐等颜色的结晶体。

　　圆照法师遗体火化后出现的舍利子，立即引起社会各界的注意。陕西省佛教协会会长亲自上山鉴定，确认为罕见骨舍利，嘱咐有关部门妥善保护，法师舍利被安全运送到陕西省佛教协会机关珍存。随后信众们又在骨灰里找到很多粒舍利子，供奉于观音山法华寺，心舍利于东佛沟净居寺塔中供奉。

圆照法师诗偈

一、无题

　　自心净土自道场，自性弥陀自法王。
　　自去自来自三昧，自修自证自金刚。

　　圆照法师早年驻锡终南山，中然法师访见，见法师尚且满面春风，齿落复生，谈吐铿锵，声如洪钟。法师说："昨夜《法华经》放光，今朝必有高人来访。"言罢仰面微笑。次求开示玄理，法师演说教义，显密禅机，暗示之，闻者神会，悟而纳之，于是求得此一偈。

二、苦集灭道

　　苦为行人好助缘，集是修行大麻烦。
　　灭尽有无一切事，道证无为自了然。

1990年9月21日，法师为求法者讲解十二因缘，信手所写。

三、正修

晨起念佛好清凉,不饮不食法味香。

克期早到西方去,极乐世界是家乡。

1991年9月24日,法师吟此偈,开示众人正修。

四、正修

一针一线一弥陀,步步极乐莫错过。

弥陀接引回家去,此界他乡总不同。

苦行僧笔记

文 / 佚名

山雾青岚

秦岭梁上忍饥寒

黄昏尽日映霞光。已是五天未吃饭的我，在秦岭艰难地拜着。此时已是农历十月初八了，刺骨的寒风刮在身上，真像刀割一样痛。天渐渐黑了下来，前后无人烟，无奈只有往前走。我有一种恐惧感，好像死亡就要到来。风刮大了，像小米粒一样的雪借着风力打在身上，对我来说，像石头打人一样疼。我想：如果吃点饭会有热量，是能坚持住的。正想着，远处飘来一缕灯光，给我一个惊喜：这辆车过来一定拦住，化点吃的。

不一会，见来一辆轿车，远远地听见一女声喊："一个和尚光着脚，在雪地上磕头。"

我刚要招手，车停了下来。在夜色里好像司机在说："看什么，老疯子！"

女人说："不像吧，我看像个好人。"

男人说："健全的人谁会这样，这天要冻死人的。"

女人说："我们把他拉到山外去。"

男人说："什么你都干，老疯子也拉。"

车开始加速，女人说："真可怜……"

望着车离去，我一直愣在那里，突然感到嘴角咸滋滋的，才意识到我哭了。不是因为没有吃的哭，而是想起山上的动物都曾给我送吃的，而人怎么会这样！我又一转念，罢了，随缘吧！

我接着往前拜，这时天已经大黑，路看不清楚。雪越下越大，大风夹着雪粒呼啸着，我站都站不住了，只好在路边找个岩石坐下。不一会儿，感觉像炸骨一样冷，我心有点慌了，不过，如果吃点东西就会好的。吃什么？往上看，黑黑的天下着大雪，我快变成雪人了。我把三衣顶在头上，饥饿、寒冷一起袭来。我只好把两个膝盖抱在怀里，身子缩成一团。一再告诉自己不要睡觉，不要睡觉。

一阵阵的饥饿涌上来，怎么办？身旁有一棵树，我折了一根树枝，放在嘴里嚼着。此时，手不好用了，嘴也不好用了，身子也一动不动了。我知道，死亡又一次袭来。算了，放下吧，把这个身体和执着的痛苦放下吧。

十方的一切佛陀啊，弟子墓林僧无力改变现在的饥饿、寒冷，我只有一个祈求：来生再到人间完成拜香的誓愿吧！再见吧，期盼儿子早归的父母！再见吧，一切亲人！有缘分来生再相见。祈祷中我失去了知觉……

忽见眼前出现了一位慈祥的老和尚，向我说："修道人不要苦了自己。"说完就不见了。

我一惊，醒了过来。此时大雪已经把我掩埋了，不知是梦还是现实。我挣扎着爬了出来，发现我还活着！这时太阳直射过来，使我有了力量呼喊："我没死，一切亲人！"我在雪里拉出了三衣，收好，吃了点雪。

我回忆：晚上是佛来救我？不是。像是一位隐居的圣僧。对，就是圣僧。古人说，八百祖师震终南，十万狮子吼秦岭。圣僧恩人，到哪里去找呢？虽然茫茫林海、峻岭崇山，再难我也要找到救命恩人！是圣僧，定会加持于我，让我找到他的。

崇山峻岭找恩人

在寒风刺骨的秦岭梁上，我已是九天没吃粮食了，嘴里嚼着树皮,光着脚在雪里跑着。大山、小山,山沟、石岩……恩人啊,您在哪里?难道您不想见我吗?我很想见您呀!

看着茫茫的大山,我哭了起来。不行,一定要找到恩人!

我在树丛中钻行,一抬头发现一头黑熊在看我。坏了,熊会吃人的,比虎还猛。还好,我想起了住深山的经验:假死。我躺下了,熊走过来转了几圈,叫了几声,离开了。

我又顺着大山往上找,走到一座高高的山尖上往下看,看见紧连着的一座小山。跑到小山往下看,我惊喜万分:有人,有人!我也顾不得脚下了,真像飞一样地跑了下去。

看见了,看见了,救命恩人正望着我!我好激动。此时的饥饿、寒冷全没了踪影。顺着草地拜了过去,我见到了恩师慈祥地向我走来。我已多年未和父母家人来往。此时的我就像失散的孩子,回到母亲身边一样,无法克制自己,放声哭了起来。我一边哭,一边拜,恩师扶住了我:"好了,不要哭了。"

我定神一看,好个圣僧模样:银白色的眉毛越过了下巴,和胡子垂在一起。高高的头顶,平平的脸庞,真是威严。我的精神集中到顶点,对一切都像失去记忆一样,没有意念,没有思想,三步一拜进了石头垒起的茅棚,里面只有树枝搭成的禅床。

恩师说:"秦岭要冻死人的,你知道吗?不要走了,住下来。"

我一听很高兴,正好参学,我说:"恩师啊,我出家,在外面跑,没有学到东西,受了很多无益苦。"

恩师说:"僧人三衣大领能穿上不容易,能穿得起就更不简单啦。发道心很难。佛在说《大般若经》的时候,主身为多佛一母的文殊菩萨看大门。为什么?就怕天魔外道听去,所以文殊菩萨来把门。

我们的功夫，在神不知、鬼不觉中才能入道。禅冬了，坐一坐。"

这样，我们开始过禅冬。

拜恩人为依止师

这个禅冬，和恩师一起在禅定中。饿了，取来山上的干野菜，用水一泡，就是饭。多亏我有基础，不然会自行下山的。

有一天师父出定了，我很高兴，急忙顶礼："恩师啊，我有个请求，想拜您为依止师，请您收下我吧！"

恩师直视着我，半天无语，叹了口气说："我出家以来未收一个徒弟，没做过依止师。好吧！把你收下来吧。"我高兴极了！

恩师说："我从小无父母，邻居收养了我。到十三岁我出家了，寺院师父把我当成无家的孩子，但什么也没告诉我。我听有人念佛，也跟着念。晚上别人休息了，我不休息，在大殿转着念佛。念了十几年后，我离开了寺院。我和虚云老和尚拜过香、行过脚，在外面跑了很多年，解放前我隐居了。

我说："师父，您现在已证得三身，为什么不下山普度众生？"

师父说："现在懈怠者多，如遇着我会下山的。"我一听，知道下山的是师父的化身。不是没有佛，是我们不精进，精进的话，佛在身旁。

我又请求："依止师啊。您教我一条走的路吧，使我有个方向，一直做下去。将来好有个消息，也对得起父母。"

"好吧，我这儿有一呼吸五音念佛法，一千万句必定往生，教给你吧。"

我一听，这是我们苦难众生的福，定要做到！师父把念佛、反闻、反问这一行行细致地传给了我。

摩天岭下过禅冬

时间已是禅冬开始的时候，我来到终南山沣峪口二道桥摩天岭一石崖下，放下进山时居士布施的三斤面和一个漏水铝锅。我用黄泥补好漏锅，架在露天的石崖下。支了两根长棍，绑好绳床，坐在星光下，随着摩天岭瀑布的"哗……哗……"水声，我有节奏地呼吸，唱念五音佛号。白天上山找点大雪未埋掉的野菜、树枝和松树叶等，用锅煮来吃。

那一年雪特别大。下雪时，我把三衣顶在头上。因为用功心切，不觉间春节就到了。腊月二十八那天，山下寺院中有一位要出家的女居士想到了我，炒了一碗菜包得严严地给我送来。

我怕有麻烦，问她："你给我炒菜，你师父知道吗？"

她说："不知道。"

我说："你这叫犯了盗僧物罪。拿回去，我不吃。"

她说："早上师父走时，让我自己炒菜吃。我炒好了没吃，给你端来。"

我说："就是这样，也应该给师父说一声。"

她答应了，把菜放在钵里。

第二天，按北方的风俗，把菜热一下供完佛，我托着钵上山供山神、土地神。供完后，我托着钵想，一冬未吃饭菜了，可以好好吃一顿。

下山路上有个转盘，我用拄的棍子一探，很实。谁知是雪堆成的硬盖，脚一踩，我便陷进去了，接着连人带钵顺着山坡滚了下去，钵也撒手了，幸好人被一棵香椿树拦住了腰，又是雪地，仅是脸上被蒿草刮破了,没受太大的伤。我扶着那棵椿树站了起来,身上灌满了雪,急忙脱下衣服在树上敲打、抖净,然后踩着厚厚的积雪,顺着山坡去找钵。钵里的菜洒满了山坡,多亏已供过佛。直到山下,才看到空钵被草窝拦住。此时我真的难受极了,冷冷地看着空钵,无可奈何,拾了起来,扒了点香椿树皮。回到石崖下,走时架的火还在烧着,我给锅里添上水,煮起树皮,心灰意冷地望着白茫茫的大山。此时头上一道光,从北向南飘去,我才意识到拜香要开始了。

山居札记

——寻梦桃花源

文/张剑峰
图/《问道》编辑部

终南草堂

寻找桃源山居

几年以前,我充满了对终南山的遐想。上山之前,我做了一个梦,梦见我站在一个茅草构筑的山门前,看着一群穿着白衣、黄衣的人坐在松树下谈玄论道。山门被高大的松树簇拥着,浓密的绿荫之上,白云在山谷间飞动,绿荫之下,流水在山门口潺潺环绕……

终于,在一个雷雨交加的夏天,我寻访隐士来到一个陌生山谷。山谷深处,几座飘着白云的险峻山峰吸引了我,我想那里应该有我要找的人。走着走着,我惊喜地发现,我竟然来到了桃花源,那正是我要找的。在一面隐居者居住的低矮的泥墙外,我在草木间散着步,那里开满了野百合,我生平第一次看见野百合长得像树木一样高大,我喜欢上了那个山谷。

大约一个月以后,一位南方来的禅师找到我,想到终南山找一个地方建造一间茅屋,我想到了生长着高大的百合花的那个山谷,那里有很多干净的大石头,可以晒太阳也可以坐禅,更重要的是山谷里的溪流很甘甜,适合煮茶,水声叮咚,很是优美。

有了这位禅师的发起,我便去找村人租地。我徘徊在那个山谷里,想象着茅屋建成之后的情景。突然,我脑海中浮现出了曾经做过的那个梦,而我现在所在之处正是梦中的山谷,并且我很快找到了那个梦中的山门。

有了这个梦,我的蓝图出现了,我将要在这个山谷建造一大片茅屋,犹如一个城郭,山谷外还是山谷,山泉潺潺,瀑布飞流,松林茂密,平滑的巨石散落在松树下以及地势平缓处。

山谷与山谷连接的地方是茂密的松林,在松林外,谁也看不到掩映着的篱笆门,以及散发着泥土气息的金黄色的茅屋。住在其中,可自由吐纳天地之气,听蟋蟀在床下奏鸣,夏闻莲花香,秋看菊花黄……

更重要的是,我不再怕异样的眼光,穿着宽松粗糙的布衣,甩着盛满清风的袖子,踩着草鞋,在远离喧嚣的地方自由行走,与五湖四海的人徜徉其中,种菜、煮茶、读书、发呆、闲聊、坐禅、听风、品泉、赏月,我们和天地交谈,与亘古为友……

原来,桃花源不仅仅只被弹无弦琴的古人拥有,在这被高楼大厦钢筋水泥包裹的时代,我也可以将梦照着模样搬出来。

眼前如同一张美如蝉翼的宣纸,在作画之前我开始构思,然后,我给我的桃花源取名叫"终南草堂"。我喜欢上古的事物,物质粗砺,心却异常柔软。

生活环境朴素自然,人才会得到尊严。空气甜美,饮水纯净,声音空灵,连动物都享有的生存权力,人类却把它丢失了。在都市中,我是个失魂落魄的人,是个没有家的人;而在山林里,我找到了心灵的故乡。曾几何时,先人们就生活在这里。

在那逝去的年代,抬头可见月亮星光,站在房中,四面可见太阳,人们席地而坐,穿着棉麻或树叶制成的衣裳,以树叶树皮为纸书写其上,鸟儿顺节气歌唱,邻里隔墙相望……

终南草堂冬日午后茶会

草木与泥土，使天地与人共呼吸，精神相往来；耕读与织布，使人们在四季轮回中感知生命跌宕起伏；霜冻和春融，使一颗种子长成桑麻的收成。感恩与包容，只有靠近草木、贴近泥土，才能懂。

唐朝诗人杜甫曾经写过一首诗："安得广厦千万间，大庇天下寒士俱欢颜。"他曾经在成都的浣花溪边上建了一座草堂，而他在心里呵护着那些贫寒的人。那个时代，草房没人稀罕，因为它几乎遮不住风，挡不住雨，不过容他一人安身而已。而如今几乎每一块土地都被开发后，我们看到了灯红酒绿，却再也找不到一块地方让我们安顿身心了。所以我想要建造的终南草堂不独属于我一个人，它将是很多人心中共同的桃花源。

在我们择吉日上山为草堂挂牌之前，有一天，同事吕浩突然惊喜地大喊："快来看，唐朝时期也有个'终南草堂'。"原来在清代陈世熙所辑录的《唐代丛书》中有一篇名为《终南十志·草堂第一》的文章，在文章中这样写道：

草堂者，盖因自然之溪阜，以当墉洫；资人力之缔构，复加茅茨。将以避燥湿，成栋宇之用；昭简易，叶乾坤之德。道可容膝休闲，谷神同道，此其所贵也。及靡者居之，则妄为剪饰，失天理矣。词曰：山为宅兮草为堂，芝兰兮药房。罗藦芜兮拍薜荔，荃壁兮兰砌。藦芜薜荔兮成草堂，阴阴邃兮馥馥香，中有人兮信宜常。读金书兮饮玉液，童颜幽操兮不易长。

——唐·卢鸿

作者是一位修道之士。跨越时空，我和卢鸿心生默契，一边是唐朝，一边是现代化的长安城里，但是我和卢鸿同在一个屋檐下。

建筑终南草堂的想法诞生不久后的一天，一群曾经跟着我在终南山问道、寻访茅棚的道友，听说要在山中建造茅屋，都愿意出一份力量。每个人心中都有一个桃花源，我们有缘同心赴愿，所以最终参与终南草堂的创建者变成了十三人。

割草搬石运水，筑起我们心中的桃花源

两千五百多年前，老子和尹喜在终南山筑草庐修道，在他们之后，鬼谷子在终南山最高峰太白山修道授徒，一千多年前，诗佛王维隐居于终南辋川，近代禅宗高僧虚云隐居于终南山狮子岩下筑庐修道。如今，一群以继承传统文化为己任，践行终南山实修精神的道友，在终南山搬石运水，筑起终南草堂，以山中苦行者为邻，脚踏大地头顶星空，潜心修习传统文化，并请出多位隐世高人，邀九州同道一起入驻草堂，参悟前人智慧，传习国学，为往圣继绝学。

这是我写下的一段介绍终南草堂的文字。

听说要在山谷里打土墙，盖茅草房，老乡们撇着嘴，笑得意味深长。目前的中国，所有的乡村几乎都在向城市靠拢，连山民房子的外墙上都贴了瓷片，我们却要去盖山民们都不愿多看一眼的茅屋……

盖茅屋，那些学习土木工程的人做不了，建筑队更不用去考虑，只有找山民。很快，工队组建好了，并请了大胡子终南樵夫老师查看了山谷中的风水，找到山谷中的点位。我们计划将终南草堂的大堂建筑在背靠高山的松树林下面，面对朝阳升起的山谷，大堂前面，开门即见后山瀑布上流淌下来的涓涓溪流。

选了一个适合破土的日子，我们用香火向山神土地打过招呼后，

终南草堂对面山色

便开始朝着丛生的灌木索要土地。这边刀砍斧斫，那边匠人们早已用绳子丈量好房子的尺寸，砍出楔子在四角定位，绷好绳子，以便于打出平整的墙。

在盖房子打墙之前第一个重要的步骤是打地基。

在平原上盖房子，先要在外墙的位置开挖泥土筑渠，浅则一米，深则约两米，然后填上一层土之后用夯夯实，这个工作大约是建造房子工程量的三分之一。小时候，我经常蹲在建房的工地上看大人们打夯，他们在重约两百斤的大石头上装上柄，木柄的根部绑着几条麻绳，一个人站在靠近石头的位置用手稳住木柄，以使夯不打在重复的泥土上。人们围在四周把麻绳拉成一条条直线，听领夯的人拉长腔调："拉呀么拉起来吆……"人们便用力将夯拉到与肩膀齐平的位置，然后重重砸到泥土上，同时齐声唱着："嘿吆……"领夯如果看到漏夯了一块泥土，就唱"边边没打到吆"，拉绳子的人应和"嘿吆"。这样的打夯歌谣婉转高亢，是我童年最痴迷的乡谣。

我以为山中建造房子也会这样，结果老乡们只将泥土薄薄地挑了一层，引来溪流向其中灌水，三天三夜之后，停止灌水，浸泡大约一周以后，老乡们说这样就可以了，山中的石头多，地下的树根发达，缝隙多，用水慢慢浸泡，可以使泥土沉淀结实。这样倒省了很多力气，反正山里的水多的是，总要流到山下去。

老乡还说，在山中建房子打地基，这是祖上一直流传下来的方法，以前村子里的房子都是这样建造的。地基被水夯实之后开始夯墙，夯墙的工具是四块木板，木板之间设计了锁扣可以装卸，木板装好之后，四周需用土填满。打墙的泥土必须相对潮湿，黑土、红土、沙土粘性都不够，只有色泽金黄的黄土最佳。土填满木板之间的空隙后，匠人再用一件模样怪异的长柄木头在泥土上锥，木柄的一端装着一块方形的木头，木柄锥在泥土里正如乡下老太太纳鞋底那样密密麻麻，点点滴滴。

乡亲们一边干活一边放收音机，收音机里吼着秦腔戏，喜鹊在旁边的树上叽叽喳喳好奇地围观，干一阵子后，人们坐下来，从脖子后拽下旱烟袋，滋滋地吸烟。工队基本上由中老年人组成，年龄最大的七十多岁，年轻的四十多岁，年龄再小的没有会干这些活的了，他们喜欢进城去找活干。

泥土夯墙一定要选择好的天气，终南山天气变化快，一会儿阳光灿烂一会儿可能就下大雨，夏季云来云去，雨也来去无常。大堂的墙的厚度将近三尺，高五米。大堂后墙夯土，山墙和前墙全部用落地玻璃采光，目的是当人在大堂席地而坐的时候，能更好地欣赏四周山色。

墙夯好之后，木材从山下被人一根根扛上来。屋顶建成了传统的歇山顶式，所有的木头都用榫卯连接，屋顶钉好椽之后铺上竹胶板、牛毛毡、塑料纸作为防水层。到这里，草堂的大堂就快竣工了。

秋天时，屋顶上就只剩下覆茅草了。采茅要在秋天，草木落叶的时候才合适，红色的茅草盖屋顶大约五年后就朽了，白色的茅草则能够用十年甚至三十年。茅草盖上顶之后，来年春天一场春雨，会使屋顶升腾起白色的雾气，雨后一周，屋顶上的草开始冒出嫩芽，草木葱茏，慢慢的，草根连成一片，根部长成了草皮，雨水就不再会渗透到深处。这期间，鸟儿会经常在屋顶上散步。

茅屋建成后匠人们在屋顶上合影

能人"三和尚"

一座茅屋，除了地基和墙面之外，最重要的当然是屋顶的茅草。在山中盖屋懂得使用茅草技艺的人越来越少了，张三老人是村中少数几位老匠人中的一位，他已经六十五岁了，青少年时期他就跟着前辈们坐在房顶上盖茅草，他盖过的茅屋现在都被淘汰了。深秋的时候，山谷的坡地上，白茫茫的一片，那就是茅草。张三老人腰间插好镰刀，上了山岗，他将缠绕在树林中的葛藤收割回来，用柔韧的藤条捆好已经割倒的茅草。一座房子大约需要几千斤茅草。半个月之后，茅草割好了。他带着一把长约两尺、用竹子加工成的针，还有一把整理茅草的工具，爬上房顶，指挥大家先将茅草用藤条分捆成小捆，再用铡刀轧整齐，然后从房顶的两侧和屋檐开始，用竹针牵着藤条，将小捆茅草相互纳在一起，这样的工作称为"出檐"，有了"出檐"，再大的风也不会将茅草吹走。出檐之后的茅草上用更长的茅草压平整后，再在上面盖上一层泥土，然后另一层茅草压在前一层茅草上面，之后再压上一层泥土，两百多捆茅草就被这样铺在屋顶之上。铺完茅草，张三老人再用一块木头做的拍板细细地将草岔一一拍平整，然后很有成就感地欣赏着。我想杜甫当年一定是没有找到真正会干茅草活的匠人，他不知道终南山里有这样的工艺传承，所以才会无奈地写出那首著名的《茅屋为秋风所破歌》。

张三老人被我们称为终南刀客，因为他的腰上从来没有少过那把闪耀着青色光芒的镰刀，虽然不是劫富济贫的真正刀客，但是行走山林，栖息于墙垣屋檐屋梁之上，都不能少了老匠人张三。曾经有人故意将他的镰刀藏在草垛中，笑着看他失魂落魄地四处找刀。从山下上来被称为上山下乡的知识青年们，笑着为张三老人准备了一句台词："身为一个刀客，最不能容忍的就是自己的刀在别人手中。"

幽幽终南山，青峰云立，每一座山峰岩石都像一部厚厚的经典，如果将终南山看作是一个巨大图书馆，那么张三老汉就像图书馆管理员，他终其一生生活在山里，熟悉山里的一草一木，了知云雾的变幻，石头的颜色，动物的来去，他们比很多住山隐居者更熟悉每一个山洞以及每一条溪流。山中的道场举办庙会，总会邀请那些经常出入于茅屋洞穴、护持岩穴隐居者的老人参加，如果山中的隐修者们要去云游或者出门，洞穴或茅棚就会交给山中的老人看守。张三老人因为几十年来坚持参加附近莲花洞的庙会，并且看护道场，被山民送了一个雅号：三和尚。

三和尚不仅会看风水、星象，也会用草药为人治病，若有人生了眼病，他便用一枚针在病人肩膀处挑一针，病马上就好了。

在大雪来临之前，茅屋顶上终于覆上了茅草，我们用面粉调好浆糊，买来柔韧的宣纸糊窗户。我一边涂抹糨糊，一边想象着独自一人在灯下读书的情景，夜深倦怠，我抬眼在雪白的窗纸后欣赏山月的清幽。

雪一般会在黄昏或夜晚落向山谷，雪花簌簌地轻抚茅草，使人联想起春光里听春蚕吃桑叶的声音。风在松林里一层一层地吹送着西北方向来的寒冷。躺在被子里，倾听野羊在屋檐下躲避风雪，窃窃私语。夜半时分，山房后悬崖上的瀑布已结冰，寻常的水声杳寂无声。清晨推门看山，天地混沌，浓雾铺满山谷。

入冬之前，我们在被野猪、豪猪们联合收割之后的菜地里，挑拣

山中琴响

剩余的白菜、萝卜、土豆、南瓜。外面阳光出来时，把它们晒成菜干，留待冬天用；我们还向山中的老人们请教如何腌制泡菜。大雪封山之后，野菜也没有了，如果住山人整天去山外的集市上买菜，会被山里人嗤笑的。

山居耕读从劈柴运水开始

山居需要熟悉几样工具：镬头、砍柴刀、一管竹笔、一孔洞箫或者一架古琴。在中国古代，耕读传家是一切的根本。耕可以格物致知，体察万物；读可以明心。只耕不能通达，只读则不能明道之微妙。中国人的智慧是活的，正如水，左右逢源。一边耕地，一边读书，俯仰之间万物与我合一。

在传统农业文明时期，农夫会打铁，还会造房子，农闲时还可以去做小生意。读书时，偶尔把头伸出窗外，看云识天气。他们凭自身的智慧，看初一的天气就知道半个月的天气变化。七十二行都是从土地里长出来的，所有的分工都从泥土开始。

清晨推开窗，草堂山门外水塘里的水汽刚刚散去，鸟鸣像春天播撒的种子似的，雨后苏醒，一个个蹦出来。我们亲眼见过，那只在草堂筑巢的喜鹊，它在院子里的核桃树下衔起一枚核桃，悠闲地藏在屋脊的茅草丛里。我猜这招它肯定是跟小松鼠偷学的。它不仅聪明还很勤勉，每天会在早饭前啄窗子，叫醒最后一个赖床的人。

山中的一天从生火打水开始。清晨，当水面上雾气未散时，早起的人已经打柴归来。懂得住山的人，会在天气尚不寒冷的季节就将松毛收集起来，用来引火。山中山岚云雾往来，四季潮湿，变天的时候，山谷中水汽在空气中上升，生火是一件不容易的事。在山中做饭吃饭，经常会被浓密的烟呛得一把鼻涕一把眼泪。

引火的松毛如果没有存放在干燥的地方，则要花费更多时间点火。烧火时，火心要空，会生火做饭，山居的滋味将会变得朴素而绵长。

砍柴有季节，凡是取用都应有法度。眼中有柴的人，总能在走路的时候顺便捡到柴。打柴忌讳砍屋子周围的柴。看似遍地是柴，但不是都能做烧柴，松枝宜烧，花椒和竹子则不能烧。

劈柴的功夫日渐纯熟，住山才慢慢品出滋味。对于住山者来说，手上长茧是基本特征。很多住山者看起来与山民没有太大区别，除过独居的茅屋山洞之外，有些山居还经常有人来挂单。终南草堂在第一道山门前的木简上刻有山规，每一个入驻草堂的人，都会在山门前稍息片刻，把山规朗读一遍，默记于心。每当有远客来到草堂，要做的第一件事就是上山砍柴，如果体力不够，或者没有经验，则可以不带砍刀，去山林里捡拾被风吹掉的枯枝。每一位住山者都会在离开草堂前，攒一些柴火给后来的人。

山中的食物，仅仅是面粉、玉米、土豆、大米，以及各种豆类做成的食品，菜就是满山遍野的野菜。没有酱油，没有味精，但即便是用泉水煮野菜撒上盐，味道也足够回味。在山中，早饭常常是一碗土豆汤，一碟咸菜，几个馒头。清淡的味道、山野的清香流连于齿唇间，你会不由地笑起来。

一位山中隐士在他的茅棚里写道：野菜连根下，松毛带枝烧。山中的野菜能进入釜中的大约有上百种，叶上花是一种树的叶子，叶片中绽放出洁白的花朵，它味道甘甜，是山中岩穴之士的佳肴。另一种

图片摄于终南草堂庭院

叫"糜糜稍"的树叶，可以用来磨成粉做成凉粉，味道也是清甜的，山中人叫它神仙粉。宋朝的时候，终南旱荒，韩湘子为救济黎民，告诉人们食用这种树叶，人们才得以度过饥荒。

劈柴运水，在烟火中，一天的时光袅袅而上，生活简单才慢慢知道，除了吃饭、睡觉、劳作，闲中能充实，忙里能偷闲，悠然喝一壶茶已经足够，除此之外，其他的事情都成了多余的，过于奢侈容易使人迷失。

要获得宁静并且使精神清洁，食物也要做得接近自然，清淡的饮食使人心灵清净。能够嚼着菜根品味出滋味的人才配称得上精神高洁，进而能淡泊名利。明代时，一位山林中的隐士正是嚼着菜根，从容地洞彻世界，留下了一部流传至今的经典《菜根谭》。

清冽如水，淡至于无味，人的心灵才足够空旷寂寥，人生也就无限蔚蓝。

明朝末期，终南山中的隐士李柏，终生都是在太白山的岩穴林下度过，他在清风中深得淡中三昧：

淡之风清，淡之韵高，淡之用简，淡之致闲，淡之情静，淡之气穆，淡之思定，淡之操严，淡之行廉，淡之量弘；弘则不忮，廉则不贪，严则不滥，定则不扰，穆则不浮，静则不躁，闲则不劳，简则不烦，高则不俗，清则不污。不污不俗，得淡之品；不烦不劳，得淡之性；不躁不浮，得淡之养；不扰不滥，得淡之体；不贪不忮，得淡之神。盖神淡无往不淡也。万物，一淡景也；万世，一淡时也；天下，一淡局也。

住山总要懂得与土地打交道，看生命在四季的生发，会种地就会更加尊重泥土和大地，就不会辜负一切人和事。种地的时候弯着腰向土地俯首，恭敬而静默，如此一点一点挖开土地埋种子。洋芋的种子芽头要朝上，玉米种子头要朝下，麦子要撒种，豆子要点种。下种子要参照二十四节气，七十二候。即使不看黄历，看看鸟兽的变迁也可以对照耕种，自然界每一个地方都有善意的提醒。

劳作之后将农具挂上屋檐后墙，雨中正是读书研墨的好天气，雨水带着草木的清香，顺着屋檐流下，将雨水盛起来加以研磨，很适宜书写。纸来自于终南山下村子里，古法制造，采树皮打浆制成的。下笔先净手焚香，静气凝神，然后使气韵不得不发，气韵带动笔杆。微雨宜写楷书，雷雨宜写行草。

在山中住着，看着青绿如笋的山峰，慢慢地人会疏狂，书写时常常会忘记了古人的句子，然后自己胡乱写些不入章法的句子：

云为石之衣，侍云我以扶疏松筠引之，以飘飞衣袂牵之，以宣纸拓之，以云崖纳之，以高士集之，以仙鹤翔之。——终南山云

终南山月千百，以竹窗侍之，以竹影话之，以潭水储之，以琴瑟应之，玉盘飞过千山去，我以高岗流泉候之。——终南山月

闲下来时，我给不同的山房取名字。名"煮石山居"者，因山中乏土，石多则金气重，人情淡薄，煮石为土练达人情，筑草为庐听风雨，晏坐吐纳候明月。名"煮云山居"者，它是一间建筑在石下溪边的黄泥茅屋，云即是幻，煮幻为真。

草堂所在的山谷石多土薄，土即德，土薄则厚道有失。常有来客不计路程远道而来，草堂无道可阐，无道可开示，只有耕读与静默：晒太阳、喝茶、劳作、劈柴、修墙、补屋子等等。也许邻居的

煮云山居图一

茅棚就有隐士在宣法。草堂虽不能给人慧命，但可以饱人肠胃，这是住山人要修的功课，去除自己的吝啬，予人方便，且不去讲一袋粮食是怎样背上山的。

常有人在草堂的竹管上接水，然后想去关水，却发现，水无处可关，不禁哑然失笑。在山中，泉水可以任意用竹管接引到任何一个地方。

溪水的一边是药圃，药圃里生长的是端午节时从山上移植来的薛荔、黄精、玉竹、沙参、薄荷等，既可以下饭，也可以入药。

月在天心时，坐起身来，听野鹿或野羊成群结队来窗下饮水，饮饱之后互相戏耍，犄角碰撞，热闹非凡。

秋夜可以听见雁鸣。隐居者的山谷里，大雁在安心栖息，不必担心人类的攻击。

初春以后，后山的冰瀑在融化，夜半犹如雷声轰鸣。

临风不被摧折，才能称为住山

山里的常客是风。古代的时候，像钻研天文学一样，有人专门钻研风的学问。《吕氏春秋》中有这样的记载：

东方曰滔风，震气所生，一曰明庶风。然出中国之风，多无此类，维海隅可偶见。

南方曰巨风，离气所生，一曰凯风。风自大洋来，势汹汹，毁屋败舍，坏没田稼。

西方曰飂风，兑气所生，一曰阊阖风。秋时之风也，主萧瑟。

北方曰寒风。坎气所生，一曰广莫风。起于孟冬，而过则万物肃杀，草木凋零。

东北曰炎风，艮气所生，一曰融风。

东南曰熏风，巽气所生，一曰清明风。仲春始发，主暖。

西南曰凄风，坤气所生，一曰凉风。

西北曰厉风，乾气所生，一曰不周风。班固曰"不周"乃"不交"之意，盖西北有阙，劲风入焉。

还有一首小诗，也是写风的：有风自南来，飞蓬入我怀。怀中花骨朵，愿为君子开。琴瑟难相伴，岁月催人来。投我木瓜者，报以琼琚牌。

草堂的喜鹊会在每年惠风吹动的时候叽叽喳喳地报喜，在枝头上跳跃。惠风至则嘉宾莅临，这时，一定会有同道中人走进山门。

风动则年轮改，四季换。春来草木生发，夏来暑气蒸腾，秋来归根复命，冬来霜飞雪皑皑。王维有一句诗："不着三界，徒劳八风。"洞悉了自然，便通晓了世情。

能够临风不被摧折才称之为住山。山厚重而宽广，古时的人们常将那些德行高尚的人比喻为山。儒家称"仁者乐山"，说仁德的君子如山一样巍峨。如果住在山里，却不知修德，则是对山的亵渎。

在山人眼中，自然现象就像梅兰竹菊一样清雅可爱。春天，雷声滚滚，如被深埋于泥土，而一锄蛰土则会惊了春雷阵阵。据说雷有路线，古人有很多文字论述天地宇宙间的自然元素与生命的关系。有道教的典籍这样讲："道贯三才为一气耳，天以气而运行，地以气而发生，阴阳以气而惨舒，风雷以气而动荡，人身以气而呼吸，道法以气而感通。善行持者，知神由气，气由神，外想不入，内想不出，一气冲和，归根复命，行住坐卧，绵绵若存，祈以养其浩然者。施之于法，则以我之真气合天地之造化，故嘘为云雨，嘻为雷霆，用将则元神自灵，制邪则鬼神自伏。"

狮子茅棚的本虚法师说，住山越简单越好，若顾虑太多，等到万事俱备，住山则变成了负担。只要心安，一切问题都不是问题；若心不安，即便细微的事情也无法翻越。住山意味着劈柴、烧饭，要在烟熏火燎、涕泪横流中修炼。如果水源较远，还要风雨无阻去打水。山中生活被裁剪成吃饭、睡觉两件事，面粉扛到山上，挑水、劈柴、生火、和面，制成馒头或者面条，这既是生活，也是禅味。

山居札记

神秘来客

夏季雨后，茅屋屋檐上还在滴水。清晨，父亲在草堂劈柴。树林中走来两个陌生人，一男一女，其中男子戴着耳环，相貌古怪，女子气质清雅，手中捧着净瓶，他们停下脚步，在山门口的草亭子外敲门。我父亲走出去，他们说云游路过，男子说：你们这里的一切我都知道，我是济公，这位是观音菩萨，你信不信？我父亲笑了。他们竟然真的知道这里一些不起眼的微小事情，随后他们又在院子里走了一圈就离开了。过了一会，山下寺院的僧人跑进山门，行色匆匆着急地问：刚才有一男一女来过吗？他们给我们指点了寺院将来建造的风水，我们觉得很有道理，还有一些不明白，想要继续讨教，他们却不见了。我父亲迟疑了一下，指了一下他们上山的方向。下午，人们从山上下来，他们说找遍了后山也没有见到那两个神秘的人。

喜鹊知客

一日山中的山民来谈鸟事，他说：你家的喜鹊你能分辨公母吗？如何分辨？我好奇，他说你听声音清脆者是公子，声音沙哑者是女子。公子叫则来客是女人，女子叫则来客是男人。如果他们的叫声先后起伏连绵，则来客有男人也有女人。

当然这是别人的说法，我还没有一一验证。

会呼人名的鸟

有一天附近的山民来闲坐，问我们最近有没有放生鸟儿。他说有一只鸟儿在附近飞，他想要捕捉，那只鸟却始终不飞到其他地方去，一直叫着一个人的名字。

老神仙

一天，一位鹤发童颜的老道长来到草堂，人们问他高寿几何，住在哪里，他笑而不答。后来得知，他住在河边的一个石头缝里。石头缝隙里勉强容得一人坐，根本无法躺下，洞内一无所有，但老道长目光清澈，犹如婴儿。他说自己曾经住过无数山洞，也曾经因痴迷修炼而走火入魔，九死一生。他不说自己的年龄，不承认自己是个修行者。而见过老神仙的人都知道他不吃也不喝。他曾被一个慕道者带到

终南草堂大堂

城里，只住了一天，就嚷着要回山上去，他受不了城市里的气味。

一天，慕道者再次去找他，却找不到老神仙居住的地方。这时，老神仙却神奇地出现在他的车前，一眨眼的工夫，老神仙又到了河流的对面。

听说青城有剑仙，我曾经去青城山后山拜访了一百零三岁的青松红梅道长。据说有一天早晨，有人看见他身体一动就上了屋檐。他也不承认自己和普通人有什么不同。青城山曾经有四大受气包，他是四大受气包之首，一些当年给他磨难的人都先他去世了，只有他依然活得很精神。

世人都渴望神仙生活，可我们见到的神仙，就是与自家老人一样的人，他们崇尚清净，生活朴素。富有与奢华，清贫与自在，哪个更是神仙呢？我常常思考这个问题。

山居的夜

初居山房，不怕孤寂只怕黑夜。不知道惧怕什么，惧怕似乎有形，又似乎无形。恐惧是天生的，因为不明了，因为贪恋。恐惧也是一种无明。很长一段时间里，我因为恐惧山中的黑夜而怀疑自己是不是真的热爱这片山林。细细想来，我到底恐惧什么？是那山中的动物吗？当然不会。是鬼魅吗？我不侵犯他，他也不会来侵扰我，即使他来了，他是住山，我也是住山，彼此为邻，我有什么惧怕的？

曾听有人说，山里的山精鬼魅众多，夜夜持咒，结果他真的半夜听到有人敲门，门庭若市，鬼影憧憧，他很快就下山了。遇见那样的人，估计鬼魅们会笑歪了嘴巴。

想着想着，终于安心，在黑暗中独自睡下，醒来时东方欲晓，一夜安然无梦。

一切的恐惧都来自于内心深处累积太多的灰尘，如果自心光明如玉，自行圆满，那么时时处处都可以大地为床，以苍穹为被。

风水即是人心

终南草堂附近有住山人的茅屋，我们互为邻居。有一天，两位行者住进了茅屋内。不久，茅屋邻居将两位行者赶到了终南草堂。不知他们为何结怨，若问起，便相互指责。隔着小溪流的篱笆墙，我看见茅屋邻居常常叹气，一旦与行者谈起茅屋内的人，他们顿时滔滔不绝。茅屋里寻常传出的古琴音乐再也没有听到，取而代之的木鱼声则一阵比一阵急促，有时会凌乱不堪。

从远方来草堂的人，隔着篱笆墙，似乎也感觉到了什么，不作停留就下山去了。一位住在草堂的沙弥，也背起了行囊，他换了一个河边的小石屋居住，他说住在草堂内，身体会莫名地疼痛。

有一天，我去山门内池塘中清理泥沙。池塘中有一只百年老龟，是去年由几位老居士放生的，它趴在水中，裸露着巨大的龟壳。它将近一周没有移动身体了，颜色灰暗，我凑近去看，它的灵魂已经脱壳而去了。

熟悉老龟的人都很吃惊，有人说一定是风水被人破坏了。我失魂落魄，没有勇气再看一眼老龟，我托付两位行者把它埋葬了。我曾给它取了"松云子"的法号，它已活了上百年，为什么却在草木生发的初夏死去了呢？我站在草堂门前，看群山悠悠，不寒而栗。

有一天，我突然明白，所谓风水，即是人心，人内心的情可以变成风水，仇恨的意念可使天堂变为地狱，那只百年龟选择了最好的风水地居住，但一旦风水被破坏了，它也只好离开。也许正如我给它取的名字一样，离开水中，它会像山岗上的松风一样自在来去，与云彩同止同飞。

一碗斋饭见人情

草堂附近有个物学院，一帮写诗歌的人住在那里，他们提倡向万物学习，与山中人一起劳作，一起读书。有一阵子，物学院的一位胡子拉碴的黑衣人，经常上我们这里来，坐在草堂里与往来挂单的人喝茶谈玄，我们不清楚他来山上是隐修还是游荡。

按照一般规矩，如果是出家人来挂单，我们会欣然招待三天。古代的时候，寺院道观经常有来挂单的人，有些人穿着僧装、道装，却好吃懒做，不守戒律到处混饭吃，丛林称这样的人为马骝仔。一般丛林当然拒绝这样的人入内。古代的丛林沿袭小农经济的模式，自种自食，制定丛林戒律的唐朝的百丈禅师，八十多岁时还坚持一日不出坡一日不吃饭。劳作可使人放下尘劳，与泥土亲近，像泥土一样朴素。

草堂没有斋堂，吃饭就在露天的院子里。我弟弟将装满饭的大铁锅端出来放在院子当中的地上，锅里的饭一目了然。他来了几次之后，我父亲恼了。父亲是个庄稼人，看不惯这个不请自来、不干活干吃饭的人。这次到了吃饭时间，他又来了。我客套几句请他一起吃饭，他看锅里的饭不多，推辞着，我便也没再邀请。过一会他就走了，从此后再也没有来。

篱笆门

这件事成了我的挂碍，我很自责。当他走出草堂山门的时候，会不会觉得这山林太冷了呢？我真不是一个地道的山里人！

我们老怕饿着自己，把自己看得太重要了。我劝说弟弟不要吝啬，做饭时多添一碗水就好了，如果粮食吃完了，也可以体验一下断炊的感觉，再说挖野菜煮着吃也不错。草堂总是人流不断，但总会有一些人，吃住几天抬腿就走。从他们身上看不到一点体恤和慈悲。

想到这，我又责怪自己心量狭小，总认为吝啬小气是别人的不足。孔子说，见贤思齐，见不贤内自省。别人身上的习气，我也有，可是我只看到了别人身上的吝啬，却把自己的习气隐藏起来。常听修行人讲，若是修行人，不见众生过。若自己无过，哪里又看得到别人的过错呢？待人应该像春风吹拂冰雪，一次吹拂不化，便日日时时以春意吹拂，总有春暖花开之时。

松风磐石迎贤入草堂

上终南草堂，只要看到一片松树林就知道快到了。草堂掩映在松林的环抱里。一进树林，耳边满是松风吹送的清音。林中有一条小溪流，溪水从后山的大岩石上流泻而下，穿过草堂的庭院，在山门前围成一湾池塘，水漫过堤坝后，缓缓流出山谷，汇入山下的大河。溪流上有一架小木桥，桥面不太平整，是我父亲亲手造的。

走过小木桥，路边灌木下有一块大磐石，石头根部生着柔软的绿草，不是兰花，但很相宜，看它才知道丹青高手笔下的磐石为何四周总长满了草丛。草堂的门前，义工们栽种的竹子已经长得很高了，若干年后，便可成材，为我的草堂"添砖加瓦"。草堂的山门被池塘环

煮云山居图二

绕，池塘里卧几丛睡莲。睡莲今年睡过了头，秋天都过去了还没绽出花苞。

进了山门刚好下雨，后山在青绿中泛着湛蓝。草堂对面的山谷里，雨雾升腾。我发现，夏天下雨时，云雾是从天上降落下来的，在树梢上快速地飞动，雨就落下来；秋冬下雨，云雾从低处升起，慢慢地蔓延上山谷，与天上的雨会合。

置身于满目青绿之中，睡梦中，我经常在另一片山林中漫游。生命稍纵即逝。梦中，我种莲花、栽松竹，当然不能少了清风。

终南山居指南：结庐在终南

多年以前，我就想象着拥有一间茅屋，在窗下听雨、读书、发呆。人要有梦想，梦是会发芽的，只要有梦，就不怕没有花开。后来，我真的拥有了一间山房，日夜与青山白云相伴。

郑板桥有一首诗："一间茅屋在深山，白云半间僧半间。白云有时行雨去，回头却羡老僧闲。"几百年前的城市尚有田园的味道，他虽然不能高卧茅屋，却识得悠闲滋味。

心有桃花源便会忘记自己是现代都市人，虽然为了生存，依然要和光同尘。且让脚步停下来，给灵魂找个家，将目光投向青山，远离凡尘，素衣简服，吃野菜，饮清风，抱明月，在山中消磨几日神仙日子吧。

"从静处看动，向闲处看人忙，才得超脱的趣味，遇忙处会偷闲，处闹中能取静，便是安身立命的功夫。"

留下这段文字的人，一定曾经住在山中悠然地俯览滚滚红尘，聆听过白云出岫、鸟鸣于山的声音。

在山中，身无分文也可以怡然自乐。我们由于太过依赖货币的力量而忽略了人自身的创造力，当摆脱交换带来的复杂关系，才会发现生活的空间犹如天地一样宽广。山中茅屋，没有铺天盖地的信息，人的原始生命力被唤起。这个世界上，也许只有在终南山，你才找得到安心之地。有的人一年才用了两百多元钱，有的人身无分文最后也在山中安了家。

只要有梦想，拥有一间茅屋并不是一件奢侈的事情。

如何拥有一间茅屋？你可以租赁，山中一间山民的房子一年的租金大约三千多元。也可以寻找尚未改造的废弃房子，改造废弃的房子相对来说比较经济实惠。建造一间茅屋当然不必。如果你想要尝试更多的修行和历练，你就会成为一个有故事的人。

这不是幻想，是真实的生活。

问道书简

问道推介

《岭上多白云》

作　者：南山如济

出版社：陕西师范大学出版总社有限公司

出版时间：2013-1

开　本：16开

总有一盏茶汤在那里等你

文/张剑峰

云在山顶蔓延，雷声从云层中穿过，声音惊起一片山鸟。云层下，一片竹林中的茅庵里，一个人在煮茶。听到雷声，他抬起头看一眼，又继续煮茶，茶香袅袅上升。那人是移兰花山上的人千竹庵主人。

千山暮雪中，万径无人，风中有人吹箫，墨绿的竹林茅舍中，围着红泥小火炉独自吹箫的，就是千竹庵主人。

微雨中，挽着裤腿想要蹚过河水去，不是去约会，而是去煮茶的那个人，不是写《茶经》的陆羽，而是千竹庵主人。

千竹庵主人雅致，像我这样会爬上树去睡觉的粗人，却也曾经有幸去他的茅庵里讨过茶喝。

几年以前，终南山的心一居士向我推荐了一位城南名士，听说为了一盏茶，很多人不远千里来终南山找他。祈祷了很久，我终于在城市的一隅，见到了传说中的千竹庵主人南山如济。

认识久了之后，我在参悟南山如济先生的茶事功夫到底好在哪里。因为同在终南山中建茅庵，我经常去冷香斋或者千竹庵向先生讨教，有时候我们会一起出坡干活，在山上干活时，他的功夫令人称奇；在茶盏前，他的手法干净利落。

每次约见，他总会提前一天准备茶室。有一次我们约好一起去采办山中物品，路上我姗姗来迟。我认为做事也要像喝茶那样悠然，但是先生则认为做事要利落，煮茶才悠然。那一次，我破天荒地以最快的速度办完事，然后我们在山上很悠然地喝了半天茶，又悠然地回到城市中。

唐朝时，有人站在终南山上向山下的长安城望去，发现灯火中的长安城红尘万丈。但是在那个时代，茶事在生活中占很大的比重。那些穿素衣、听水声，或支颐独坐在庭院的花树下，谈着关于茶的人或事的情景，只能在古画中寻觅踪迹了。现代人谁还愿意坐在树下或屋檐下煮茶呢？茶事在如今已经微不足道了，但仍会给人以慰藉。

自唐宋以来，中国历代那些有风骨的人都曾在一盏茶汤里找到了生活的真味。饮茶不仅风雅而且是一种生活的尊严。宋以后，我们民族的尊严连同茶盏一起被弄丢了。如今，酒足饭饱之后的人们想起了茶事，但也仅仅是巧立名目的茶艺而非茶的灵魂。茶圣陆羽认为，茶宜俭德之人饮用。从此，饮者有了格调，有修持的君子才真正配称为茶人。自古以来，多少人在茶之灵性的树叶中完善了自己的生命啊。

懂得感恩，关心农事，过清贫生活，这是如济先生在茶事中处处流露出来的情怀。捧读先生的这本书（注：指的是南山如济先生即将出版的新书《岭上多白云》），你会了解几千年前，我们的祖先就是这样生活的。如济先生自号南山子，有时候我想，他就是来自于古代，而潜伏在我们这个时代的一位君子吧。他的存在，就是让我们由一杯温暖的茶汤开始，心生愉悦，目光清澈，然后回归到生命本源。而这也是我们祖先创造一切文化的最终的用心。

月夜的山中天空湛蓝，云如水墨流动，月光能够将身体照透，月光穿透身体，内外澄澈。此情此景常使我想起如济先生，他也应该在望月吧。在月光下，他时而抚琴，时而徘徊。有茶汤为伴，他的茶杯里凭空多出一个月亮，他获得的月光自然也比我多呢。

"过清贫快乐的山居生活，不依赖他人，不依附社会，将自己融入大自然中去，单纯而诚恳。用汗水浇灌脚下土地，用智慧长养心中菩提，与山相适应，以山为邻，以山为友，以山为依止。将自我身心和山林融为一体。"有一段时间，隐士文化大受关注，与如济先生见面，他经常念叨这句诗："相逢尽道休官好，林下何曾见一人。"前不久,他效仿陶彭泽弃官归农,丢下优厚的公职,踏着清风归山去了,还好他留下了这些有关茶事的文字。

一釜煮尽千江水,不管水中煮的是什么,各种各样的水都是我们的饮用水。即使小小的一杯茶,也能照见天光云色和隐者的表情,一个人若能从一杯茶中品出水的真味,那就离道不远了。

水善利万物而不争,人须学习水的变化万千与柔和,这是水之德。水来自天上,依大地而流转升降,化于万物而不失真性。在中国,没有什么事物能逃出山水的范畴,连一枚小小的茶叶尚需与水调和而得天地的滋养孕育,更何况其他呢?水来自天地间,茶叶得天地生发之气,二者合而为一,喝茶之人立于天地、山水、草木间,得天地之眷顾,还有什么需要患得患失的呢?

当你疲惫的时候,不管走在人群中还是走在天涯海角,希望总有一盏升腾着热气的茶汤在那里等你。能看到这杯茶盏,你就是人中的白莲花。

大地之上,无处不是终南山千竹庵,无处不是茶事。